国际和平城市
丛书
International Cities
of Peace

国家出版基金项目
江苏省"十四五"重点图书出版规划项目
侵华日军南京大屠杀遇难同胞纪念馆资助项目

白 爽 著

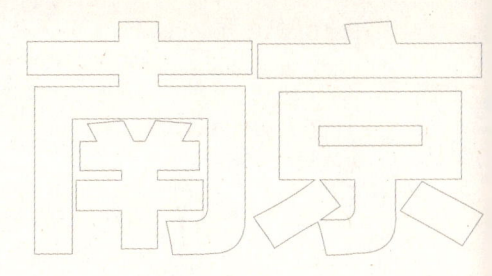

国 际 和 平 城 市 丛 书

主 编 刘 成
副主编 凌 曦 时鹏程

学术顾问
　　刘 成

图书在版编目（CIP）数据

中国·南京/白爽著．－－南京：南京师范大学出版社，2022.8
（国际和平城市丛书/刘成主编）
ISBN 978-7-5651-5351-8

Ⅰ.①中… Ⅱ.①白… Ⅲ.①南京—概况 Ⅳ.①K925.31

中国版本图书馆 CIP 数据核字（2022）第 111523 号

丛 书 名	国际和平城市丛书
丛书主编	刘 成
丛书副主编	凌 曦 时鹏程
书 名	中国·南京
学术顾问	刘 成
著 者	白 爽
策划编辑	徐 蕾 郑海燕
责任编辑	王雅琼
书籍设计	瀚清堂
出版发行	南京师范大学出版社
地 址	江苏省南京市玄武区后宰门西村9号（邮编：210016）
电 话	(025)83598712（编辑部）83598919（总编办）83598412（营销部）
网 址	http://press.njnu.edu.cn
电子信箱	nspzbb@njnu.edu.cn
照 排	南京私书坊文化传播有限公司
印 刷	上海雅昌艺术印刷有限公司
开 本	889毫米×1194毫米 1/32
印 张	7.5
版 次	2022年8月第1版 2022年8月第1次印刷
书 号	ISBN 978-7-5651-5351-8
定 价	50.00元
出 版 人	张志刚

* 南京师大版图书若有印装问题请与销售商调换
* 版权所有 侵犯必究

总 序

《国际和平城市丛书》第 1 辑包括五座城市,它们有个共同点:在历史上都历经了沉重的战争创伤,形成了几代人的集体记忆。我们必须将这样的历史铭记于心。只有深刻记住曾经的苦难并以此为镜,才能避免历史悲剧的重演。我们对创伤的记忆与认知非常重要,记忆方式会影响记忆内容的真实性和持久性。历史证明,创建和平是对苦难历史最好的记忆和修复。当一座城市的创伤记忆升华为人类共同的记忆,我们对过去灾难的认知就可以超越陈规定型的政治记忆。唯此,痛苦的历史才能与未来的和平相连,才能促成昔日敌对双方的和解,从而为创建人类命运共同体增添希望。历史表明,和解不仅意味着双方交换对历史的看法和经验,也呈现了双方共同创造面向未来的新观念和分享新经验的过程。从这个角度看,和解是一种满足彼此需求的思想和力量。创建和平,基于战争遗产打造和平城市,可以弘扬这种思想和力量。这是我们编写这套丛书的初衷与缘由。

丛书遴选的五座城市都在积极创造与构建和平文化。南京是中国第一座国际和平城市,创建了聚焦积极和平的国际和平论坛;德累斯顿对德国战争经历的反思加强了国内与国际和解;广岛带动了日本民间的反核和平运动;华沙致力于促进和解对话,形成了波兰内外共同的历史记忆;考文垂是英国和解城市的标杆。与此同时,战争记忆研究正在发生三个维度的变化:从英雄记忆转向创伤记忆;从战胜国记忆转向创伤国记忆;从国家的历史记忆转向多国共享的历史记忆。我们相信,随着越来越多的城市迈向和平城市之路,进而形成全球和平城市网络,和平的记忆终将超越战争的记忆。

这五座和平之城的建设过程各有特色,每座城市的实践都证明了一个真理:和平是通向和平的唯一道路。和平城市有着共同的宗旨,都在推广联合国教科文组织倡导的和平文化:致力于通过预防、调解和冲突转化来建设和平,提供关于非暴力、宽容、接纳、尊重与可持续发展的和平教育,促进不同文化之间的对话与和解。建设和平之城,需要世界各国与地区的政府、学校、社会团体、非政府组织和公民的共同努力。成为和平之城,需要融合历史、记忆和传承中的和平元素。想要实现这一目标,我们可以通过多种途径:预防冲突,维护和平,建设和平,和平研究,和平教育,以及所有能够促进城市进步与繁荣、世界和平与发展的和平活动。

和平学是这套丛书的学科基础。南京大学拥有中国唯一的联合国教科文组织和平学教席,是国内外公认的中国和平学的中心。中国和平学的发展得到了全球众多机构和个人的鼎力相助,没有他们的支持,和平学不可能在中国发展起来,也就不可能有这套丛书的问世。这套丛书的编写历时十年,一路走来历经曲折,困难重重。所有作者、译者和编辑都付出了最大努力,克服了种种障碍,呕心沥血地打造出这套集真实性、学术性、创新性和可读性于一体的作品,以飨读者。

这套丛书是理解文化创伤和历史记忆影响的一次有益尝试。对其中的不足与疏漏之处,我们诚挚欢迎读者们给予批评和指正。

刘 成
南京大学历史学院教授
联合国教科文组织和平学教席主持人
2022 年 8 月

目 录 Contents

001
___
总序

006
___
前言

008
第一章　从历史走来：孕育和平

　　一　古都南京　　　　　　　　015

　　二　和平烙印　　　　　　　　027

　　三　城市性格　　　　　　　　044

064
第二章　暴行发生了：守卫和平

　　一　黑暗中的抗争　　　　　　069

　　二　战时的和平之光　　　　　077

　　三　来之不易的胜利　　　　　095

102
第三章　如何去记忆：呼唤和平

　　一　遗留的伤痕　　　　　　　107

　　二　记忆的重构　　　　　　　120

　　三　真相的诉求　　　　　　　127

第四章 另一种选择：迈向和平

一 中国和平学的启航　　162

二 和平教育的初体验　　172

三 纪念场馆的和平转向　　181

第五章 传承与未来：建设和平

一 热爱和平的民族　　198

二 超越语言的行动　　202

三 汇聚和平的智慧　　216

四 没有终点的进程　　224

结语

主要参考文献

后记

前　言

　　南京是一座古老而特殊的城市。它是中国历史上的"六朝古都"和"十朝都会",又与英国考文垂、德国德累斯顿、日本广岛并称二战时期的世界四大殉难城市。1937年12月13日,侵华日军攻占南京,制造了震惊中外的南京大屠杀惨案。中国军民奋勇抗击,国际友人施以援手,他们以生命捍卫正义,用行动守护和平。战后的南京满目疮痍,惨不忍睹,是中国人心中一道刻骨铭心的伤痕。在之后的很长一段时间里,中国人默默地自我疗愈战争创伤,没有向外界过多地倾诉和揭示。直到20世纪八九十年代,这段黑暗的记忆才开始获得越来越多的关注、研究和传播。目前,南京大屠杀幸存者仅有50余人在世。因此,如何让人们更好地铭记这段苦难深重的历史,防止战争的悲剧重演,已成为新时期南京城市发展的重要议题。

　　历史必须牢记,追求和平是对苦难历史的最好修复与纪念。打造可持续和平是全世界共同的愿景。联合国教科文组织总部大楼前的石碑上,用多种语言镌刻着这样一句话:"战争起源于人之思想,故务需于人之思想中筑起保卫和平之屏障。"国家主席习近平在联合国教科文组织总部的演讲中指出:"要通过跨国界、跨时空、跨文明的教育、科技、文化活动,让和平理念的种子在世界人民心中生根发芽,让我们共同生活的这个星球生长出一片又一片和平的森林。"

南京构建和平的种种努力有目共睹,它的建筑遗址、历史传承、芸芸众生,无不蕴含着和平、守望着和平、展现着和平。在维护历史真相和正义的前提下,南京做出建设国际和平城市的决定,将这段历史记忆转化成建设和平的力量,既是创伤城市的责任担当,也是城市发展的远见卓识。

和平学中有一个很常用的研究方法,叫作"跳出思维的墙"。本书希望为大家打开一个新的视角去认识南京,进而领悟和平、践行和平。

南京,从历史中徐徐走来,它的未来充满无限可能,其中的一个关键词肯定是"和平"。南京,也将成为一位和平使者,把和平的种子从中国撒向世界各地!

第一章

从历史走来:孕育和平

南京，是一座历史古都、文化名城，也是一座和平之城。

它拥有独特的自然之美，地处中国长江下游中心地段，山峦环抱，土地肥沃，优越的地理环境吸引了众多朝代建都于此，故有"六朝古都""十朝都会"之称。在历史上，南京有很多别称，"金陵"便是其中之一。公元前333年，楚威王在石头城修建了金陵邑，"金陵"由此得名。公元229年，孙权在此建都。南京从此成为中国长江流域最闪耀的都城。六朝时期的南京又称"建康"，是世界上第一个人口超过百万的城市，开创了灿烂辉煌的"六朝文明"，故与古罗马并称为"世界古典文明两大中心"。

走进南京，拨开时光印痕，触摸人文古迹，品赏诗情画意，大到城市规划、小到市井生活，这里的一砖一瓦、一诗一景、一草一木，无不透露着南京人热爱生活、珍爱和平的情怀与态度。

图1-1　毕加索《格尔尼卡》

这座城市曾数次遭受暴力和战争的伤害，面对一次次跌宕起伏，却仍像一颗顽强的种子，在阳光下破土而出。每一次从战火废墟中重生，也让它更加懂得和平的珍贵。暴力也许不会完全消失，但它绝不会是主旋律。就像毕加索《格尔尼卡》[图1-1]中的那朵小花，无论外部环境如何混乱狰狞，承载着希望与和平的新生命总会焕发生机。

透过历史之镜,我们发现了这座城市与和平的诸多联系。这是一种与生俱来的包容并蓄、和谐之美,也是一种城市气质、文脉气息和风土人情。它们汇聚并传承着这座城市的和平基因,孕育了人们对和平天然的热爱,与祈愿和平的无穷智慧。

女娲补天

在中国古代神话中,有一位上古女神,叫"女娲"。相传在很久以前,天地初开,女娲便用黄土仿照自己造成了人,创造了人类社会。当人间遭遇天塌地陷时,女娲挺身而出,熔炼五色石来修补苍天,平整天地,以助世间生灵免受天灾之祸。也有一说,因补天的五色石不够用,女娲竟献出自己的身体,补上了天空的最后一块缺口。在此过程中,有一颗沙粒从天而降,地面凹陷,形成一泓湖水,这便是南京的玄武湖;沙粒坠落后耸立为山,那便是南京的紫金山。

《女娲补天》的故事根脉深植于中国传统文化的沃土,在中国家喻户晓。女娲为护苍生,舍己救人、不怕牺牲,她所要创造的正是一个让人类和平生存的世界,而这份对和平的追求与奉献的精神也在世人心中逐代相传。

图1-2 南京玄武湖

古都南京

美善之地

孙中山先生曾在《建国方略》中盛赞南京为"美善之地","其地有高山,有深水,有平原,此三种天工,钟毓一处,在世界中之大都市,诚难觅此佳境也"。1927 年,中华民国国民政府定都南京,南京再次成为全国的政治、军事与文化中心。古都南京的历史积淀所造就的包容、进取的城市性格,也注定了它必会走在时代的前端,引领中国现代化的征程。

定都南京后,南京国民政府决定对首都的发展进行总体规划。1929 年初,南京国民政府筹建首都建设委员会,委任孙中山之子孙科为负责人,特聘曾设计过清华学堂的美国著名建筑工程师墨菲及其助手古力治等人编制《首都计划》。1929 年 12 月 31 日,国民政府正式公布《首都计划》,这是南京历史上第一部完整的城市规划,开启了其现代城市的建设步伐。

墨菲是国民政府南京城市规划的总建筑顾问,在规划方法、城市设计、工程管理等诸多领域有独到见地。墨菲一向对中国建筑怀有深情和敬意。他主张在充分保留中国建筑特色的基础上做到"中西合璧",力图把南京建设成一个"真正的中国化"的大都市,并以此为示范,将城市建设经验在全国推而广之。

《首都计划》的内容非常翔实,包括对南京百年人口数据的推算,确定了首都的地理界线、中央政治区、行政区、建筑形式,对水路铁运交通、园林绿化、学校、住宅、工业区甚至机场的位置均有设想和安排。《首都计划》结合中西文化,皆以百年为计,计划将南京打造为东方的"华盛顿",并选定紫金山作为中国的"国会山"。一座现代化城市的荣光与梦想跃然纸上,"求中国自由之平等","唤起民众及联合世界上以平等待我之民族,共同奋斗"的宏图伟业由此起航。

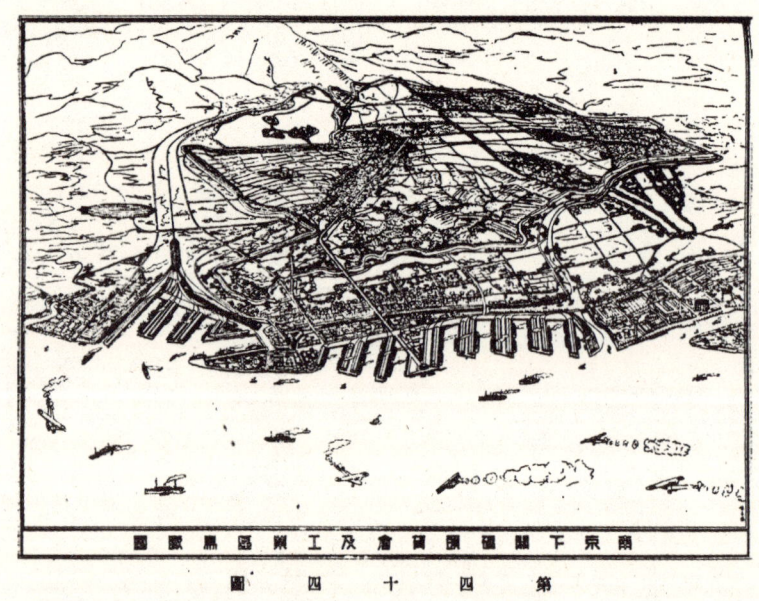

图 1-3 《首都计划》第四十四图 南京下关码头货仓及工业区鸟瞰图

诗仙李白与"金陵"

很多人说,"金陵"是古都南京最美的名字。唐代大诗人李白喜好四处游历,但对南京感情尤甚,在南京停留的时间也最长,创作了百余首有关金陵的诗。他钟情于金陵的美景,在《金陵》中写道:"地即帝王宅,山为龙虎盘。金陵空壮观,天堑净波澜。"他也多次借金陵意象来抒发怀古咏史的情感,如《登金陵凤凰台》:"凤凰台上凤凰游,凤去台空江自流。吴宫花草埋幽径,晋代衣冠成古丘。三山半落青天外,二水中分白鹭洲。总为浮云能蔽日,长安不见使人愁。"这些诗意的绵延流传也让金陵的盛景浓情更令人难以忘怀。

繁盛之都

国民政府定都南京后,南京成为当时全国的商业和金融中心。商品经济的繁荣有赖于和平的环境,也为人们生活的和谐幸福提供了保障。其时,南京主要有三处繁华的商业区:一是城南的夫子庙商业区;二是城中著名的新街口商业区;三是城北长江边的下关商业区。

商业中心的发展丰富了市民的文娱生活。看电影是休闲交友的潮流之选。首都大戏院、大华大戏院、世界大戏院、新都大戏院并称为"民国首都四大影院"。首都大戏院是中国第一个装配中央空调系统的影院,也是中国最早进行室内放映的影院。两层放映厅共有1000多个座位,规模之大位居全国前列。

图1-4 民国时期南京新街口广场

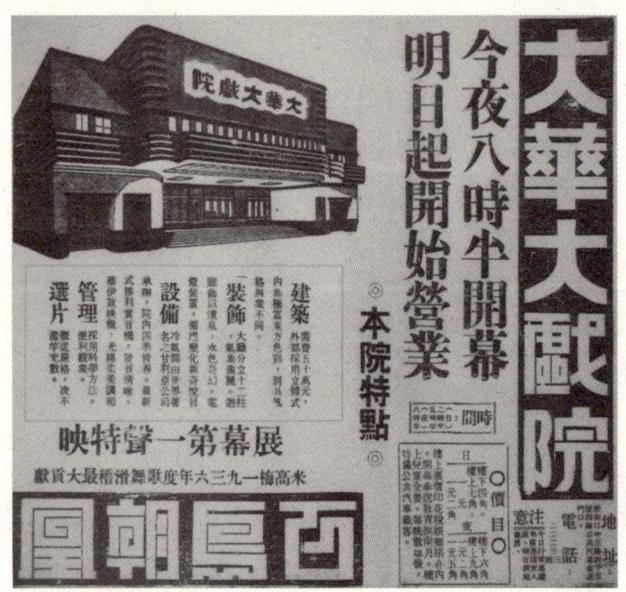

图 1-5 大华大戏院开业报讯（1936年）

大华大戏院是彼时南京最豪华的影院，也是很多老南京人的电影启蒙之处。首映影片是美国米高梅电影公司出品的歌舞剧《百鸟朝凰》，很多人在此第一次接触到外国电影。大华大戏院也接待过很多中国艺术团体和艺术名家，京剧艺术大师梅兰芳先生曾在此进行赈灾义演，引得市民争相购票，很快为水灾筹集到不少捐款，传为一段佳话。

下关一带是津浦线、沪宁线与长江航道的连接点,也是南京重要的对外交通枢纽。1933年10月,南京铁路轮渡开通,成为亚洲第一条铁路轮渡。一时间这里车水马龙,人声鼎沸,成为旅客中转和物资转运的必经之地。轮渡周围商铺林立,猪行、牛行、鸡行、米行等吸引着南来北往的商客,坊间称其为"大马路"。其繁华程度一时可与夫子庙媲美,因而也有"南有夫子庙,北有大马路"之说。1934年,铁道部开通了上海至北平(北京)的直通车,全程34小时,旅客由上海到北京,经过南京的"长江"号铁路轮渡,中途无须换乘。乘火车也成为当时的一种时尚之举,很多富家新婚伉俪选择乘坐这趟列车进行蜜月旅行。

图1-6 20世纪30年代的下关码头

首任南京市长刘纪文上任后,便开始修建中山路[图1-7]。这条路起初是为迎接孙中山先生的灵柩而建,全长约12公里。灵柩迁往南京后,其途经的码头改名为"中山码头",途经的柏油路被命名为"中山大道",以此作为永恒的纪念。作为南京的第一条柏油马路,宽阔笔直的中山大道是首都南京的坐标,道路两旁绿树成荫,建筑风格造型独特,连通着南京的城市中心。随后,根据《首都计划》,南京又相继建成了太平路、白下路等近百条道路。至1937年初,经过十年建设,南京城内竣工的道路总长120多公里,奠定了城市道路的现代格局。

图1-7 正在修建的中山路

交通的本质在于"联系",拉近人与人、地与地、国与国之间的距离。1933年,南京国民政府重修了中山码头,建造了江南铁路,以及江南铁路南京站与沪宁铁路之间的环城连线。1929年修建的大校场机场,占地约10平方公里,是中国历史上最大的航空基地之一,也是当时设施最好的飞机场之一。次年起,国民政府又与美、德两国合资建立了中国航空公司和欧亚航空公司,开通了南京至全国各主要城市和世界各地的空中航线。

图1-8 中山码头今貌

和平,不是一种孤立的状态。经济发展与交通联络都需要和平环境。有了和平,经济才能有序发展,人民才能安居乐业。有了发达的交通,人们才会有开放的思想,才能与世界相通。这让我们了解到,为何这座城市在面对困境和危难时,会那么热烈地期盼和平;也让我们喟然叹息,这将被战争打破的繁荣之景。

花园之城

城市公园是城市的主要公共开放空间,也是人居环境现代化的一个重要标志。《首都计划》专辟"公园及林荫大道"一章,强调城市景观的重要性,指出"公园之设置,关系于市民之健康与幸福者至大",要将南京打造成一个具有东方神韵的花园城市。除了当时已有的中山陵园、玄武湖公园、第一公园、鼓楼公园、秦淮公园外,为了使公园分布于城市各处,其中还规划了雨花台、莫愁湖、清凉山、新街口、朝天宫、下关等地的公园。此外,南京又在已有城市景观中添置各种花木、修葺亭台,设置儿童游乐场和纪念建筑等,以便更好地发挥公园的娱乐教化功能。1928年,在玄武湖公园的开幕典礼上,南京市长刘纪文强调,要"把玄武湖造成南京的一座最善最美的游乐园",让人们置身其中,可以看书报、钓鱼、打球等,自由消遣。

图1-9 20世纪30年代的玄武湖公园

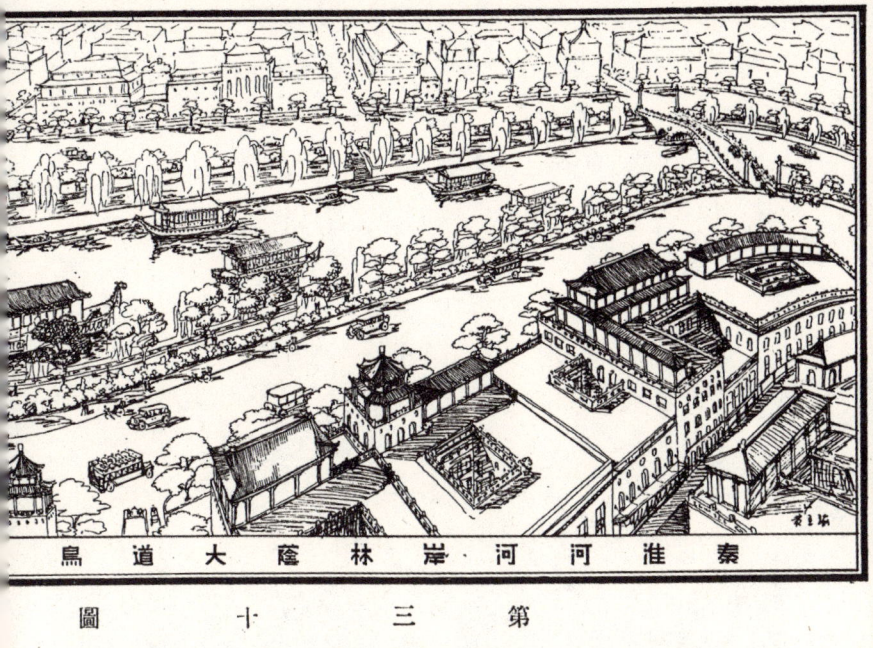

图 1-10 《首都计划》第三十图 秦淮河河岸林荫大道鸟瞰图

到 1936 年,南京城内已有公园 7 处,正在兴建或拟建的有 8 处。

国民政府还拟在各公园之间开辟林荫大道。除了中山大道,南京共规划了包括长江路、黄埔路、中央路在内的 25 条林荫道。设计师们甚至规定了最适宜的园林绿化规模标准,力图将南京变成一个巨大的城市公园。之前荒草丛生的紫金山也在复绿工作后,变得水木繁茂,绿意盎然。经过十多年的辛勤建设,南京城内外的公园及林荫大道的面积已达市区总面积的 14%,其绿化面积比例不亚于当时的华盛顿、巴黎、伦敦和东京等国际大都市,处于世界领先水平。

南京人的"梧桐情"

梧桐树是南京的一张城市名片。在南京作家叶兆言的笔下,"人们一提起南京,首先想到这个第一流的绿化,而绿化的突出标志,便是栽在中山大道两侧和街中绿岛上的法国梧桐。天知道南京一共有过多少棵法国梧桐树……这是国内任何城市都不曾有过的奢侈和豪华"。1929年,南京种下了上万株法国梧桐,为孙中山先生护灵。这些梧桐被精心修剪成三根树权向上生长的姿态,它们6米一株、每排6株,像"挺拔的卫士"守护着这座城市。在老南京人眼里,它们不只是一株株植物,那无处不在的碧绿和街景早已融为一体,深入每个人的记忆,是家乡的感觉。不过在20世纪90年代,为疏通南京的道路交通,梧桐树曾遭大量砍伐,后因引发南京市民的抗议而终止。如今,南京的梧桐树依然枝繁叶茂、生机盎然,在南京人心中续写着这份对于梧桐树的独有情缘。

图1-11　梧桐绿荫

二

和平烙印

    城市就像是一座记忆宫殿。建筑和景观收藏起过往的历史，向人们诉说着这里曾经发生的故事。文人朱自清曾写道："逛南京就像逛古董铺子，到处都有些时代侵蚀的遗痕。你可以摩挲，可以凭吊，可以悠然遐想……"历史建筑是城市面貌的客观载体和有形记忆，它们记录了这座城市的发展轨迹，也留下了那些独属于南京的和平烙印。

城墙的守护

    南京明城墙就像这座城市的守护神。明城墙虽为战争而建，但更因守护和平而生。它曾代表着城市的地理边界，象征着城市的和平安宁。几百年来，它屹立于此，历经沧桑，用那沉默而坚固的身躯守护着这片繁盛之地，守卫着这里的人们。

图1-12 20世纪20年代的南京城墙

南京城墙自明代初期开始大规模兴建，距今已有600多年历史。明城墙包括明代修筑的宫城、皇城、京城和外郭城四重城墙，现完整保存25.1公里。作为我国规模最大的古城墙，它是人类共同的文化遗产。明城墙在建造和布局上独树一帜，大胆摒弃了方正规矩的传统都城形象，充分利用南京固有的地形地貌，依山而建，以水为河，融山水城林为"墙"所用。城墙坚固，易守难攻，在当时可谓是集艺术和军事价值于一体的巅峰之作。明城墙刚建成时有13座城门。中华门是其中结构最复杂的城堡式城门，被誉为"天下第一瓮城"〔图1-13〕。城门内有三道瓮城、四道拱门，中层还设有27个藏兵洞。待敌军进入第一道城门后，千斤闸落下，埋伏在洞中的士兵出击，形成"瓮中捉鳖"之势。中华门内外又有秦淮河横贯东西，串联起这片江南繁华之景。

图1-13　天下第一瓮城——中华门

图1-14 南京明城墙今貌

城墙的建设由明代开国皇帝朱元璋亲自督造,他对制砖、筑墙的工艺要求非常严格。为保证城砖的质量,铸造者必须在砖石上留下姓名、烧造产地、验收人等相关信息。同时,他命专人抱砖相击,砖不破则被视为合格品;砖断裂,不仅要重新烧制,相关人员还要遭受责罚;再不合格,烧砖人便可能被斩首。据估算,明城墙有上亿块砖。城砖表面所镌刻的文字最多达69个,上面的楷书、行书、草书、篆书、隶书至今可见,记录着当时政治、科技、人文等方面的珍贵资料。今天,人们漫步在青灰色的城墙之上,抚摸那些穿越时空的砖石,似乎仍能感受到历史的往昔之音。

城墙是一座城市的地标，它守护着城市的边界，维护着社会的安定。作为古代的一种军事防御设施，城墙也彰显了古人对和平共处的理解。早在春秋战国时期，我国著名思想家墨子就提出了"兼爱""非攻"观点。那时，各地战事连绵，民不聊生。墨子认为，如果能爱别人，把别人的身体当作自己的身体一样对待，人与人就不会打仗。所以，他主张天下所有人都应当不分高低贵贱，彼此相爱。但他也认识到，只呼吁停止打仗、相亲相爱还不够，还要有能制止战争的手段，即讲求备御之法。墨子提倡"守"而"善"。这种思想也被历代军事家汲取，古城墙就这样伫立于斗转星移中，为一方百姓带去喜乐太平。

登城墙，踏太平

老南京人有着在正月十六登城墙的习俗。据说，这一天到城墙上走一走，有"祛百病""踏太平"的作用。

此习俗源自明末清初，旧时男女老少都爬城头，对老年人来说象征着"祛除百病"，对年轻人来说意味着"步步高升"。至今，登城墙仍是南京颇具特色的民俗活动。一年伊始，春暖花开时，一家老小在明城墙上散心漫步，俯瞰城景，同时也表达出对社会和谐、共享太平的质朴愿望。

图1-15 登临城墙

神兽辟邪

辟邪是中国古代的一种神兽。它与南京城墙一样,是南京悠久历史的生动载体,守护着南京城的太平。辟邪原义指"偏邪不正",并被引申为驱除邪恶、逢凶化吉。借助南朝王陵的镇墓神兽的形象,古人创作出这种似狮而带翼的神兽,外形雄伟壮硕、神态庄严威猛,将力量感与艺术感高度结合。

在南京经常能看到以辟邪为装饰的图像、纹样或仿制铜雕、石雕。辟邪石雕[图1-16]以整块巨石雕刻而成,有的重达十五吨以上。"辟邪"的形象还寓意了南京是"帝王之宅""龙蟠虎踞"的中国古都,因而曾出现在南京市市徽上。辟邪也是今日南京的和平象征,被赋予抵抗暴力、促进繁荣、消除疾病的和平意涵。

图1-16 南京辟邪石雕

中山的博爱

1912年春,孙中山一行在钟山打猎。途中小憩时,他被眼前景致吸引。钟山气势雄伟,曲折逶迤,遥看形似游走的巨龙,素有"钟山龙蟠"之称。千百年来,这里郁郁葱葱,紫气升腾,自然与人文交融共生。孙中山不禁感叹:"百年之后,愿向国民乞此一抔土,以安躯壳尔。"1925年,他病逝于北京,其遗体被运回南京,遵其遗愿长眠于此。5月,孙中山葬事筹备处向国内外悬奖征集陵墓建筑设计方案。消息一出,立刻轰动建筑界和美术界,行业翘楚纷纷报名应征。当时只有31岁的建筑师吕彦直,是众多应征者之一。为了设计好中山陵,他整日废寝忘食,不断优化设计方案。为了更直观地打磨方案,他每画出一稿就捏出模型,然后对着模型反复修改。功夫不负有心人。最终,他的设计方案[图1-17]在40多份作品中脱颖而出,荣获首奖,并获得宋庆龄的青睐。设计稿敲定后,吕彦直又如愿请来经验丰富的姚锡舟先生负责中山陵主体的建造工作。紫金山的山体颇为陡峭,想要运送几百吨重的花岗岩上山几乎是"不可能"完成的任务。在地理环境和经费预算都非常困难的情况下,姚锡舟带领施工队风餐露宿,凭借着对一代伟人孙中山的敬仰之情,即便是无利可图,仍如期完成了这一浩大工程。

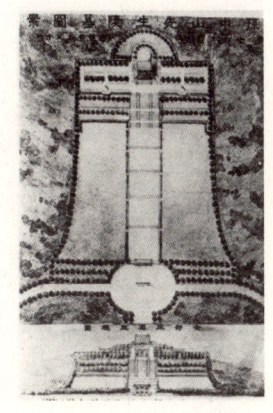

图1-17 吕彦直中山陵设计图

中山陵于1929年完工，占地面积约8万平方米。它依紫金山而建，沿山布局的陵园总体呈现出一个立起的"洪钟"样式，寓意着孙中山先生毕生致力于"唤醒民众"，被誉为"中国近代建筑史上的第一陵"。

图1-18 初建完成的中山陵

图 1-19 中山陵今貌

中山陵是中国近代建筑中近代化与民族化相结合的典范。其总体布局仿照中国古代皇家陵墓,采用轴线对称的布局,顺山势而筑,运用牌坊、墓道、陵门、碑亭、祭堂、祭室等传统陵墓的组成要素,参考了美国林肯纪念堂等欧美纪念性景观的设计手法。它汲取了东西方历史的养分,践行了孙中山生前所倡导的"融汇东西"的理念。"开放的纪念性"也是中山陵的一大特点。既简朴庄严,又贴近民众,用建筑的语言呈现逝者的伟大精神,表达出对孙中山先生的追思和凭吊。

图1-20 中山陵石牌坊

中山陵石牌坊[图1-20]中央所刻的"博爱"二字为孙中山手书,是整个建筑群的点睛之笔。孙中山一生心系民生,以护天下苍生为己任。"博爱"是孙中山的思想精髓和最高理想。关于"博爱"的含义,孙中山曾言,"因为我们的民生主义是图四万万人幸福的,为四万万人谋幸福就是博爱"。孙中山在其遗嘱中提出,"必须唤起民众及联合世界上以平等待我之民族,共同奋斗",力求实现世界的永久和平。建筑师吕彦直取"博爱"二字悬挂于陵墓的入口位置,凸显爱民族、爱国家、爱人类、爱和平的建筑精神,让博爱的种子在人们的心中生根发芽。

金陵之文脉

秦淮河是南京的母亲河。它是古城金陵的起源,也是南京历史文化的摇篮。相传秦始皇东巡时行至金陵,有方士云"金陵乃王气之城",秦始皇为保江山永续,命人挖河断龙脉。至唐代,后人改称其为"秦淮"。

秦淮河分为内河和外河。"十里秦淮"指其内河,是秦淮风光带精华所在。在最繁华的内秦淮河边,矗立着双龙戏珠大照壁[图1-21],建于明万历三年(1575年),全长100多米,高10米,有"天下第一照壁"之称。它反映了中国古代建筑"前有照,后有靠"的风水建制,为全国现存最大的照壁。沿岸

图1-21 双龙戏珠大照壁

分别有"秦淮八艳"的浮雕、东水关遗址公园、秦淮水亭、桃叶渡、白鹭洲公园、江南贡院、王导谢安纪念馆、李香君故居、江南四大名园之一"瞻园"（太平天国历史博物馆）、秦大士故居、沈万三故居，也连接着中华门瓮城等旅游文化景点。

秦淮河也是"中国历史文化名河"，多元文化荟萃于此，有着"天下文枢"的美誉。从来没有这样一条河，

图1-22　民国时期江南贡院明远楼

图 1-23 民国时期江南贡院考场近景

与中国知识分子的命运牵系得如此紧密。东晋时,在秦淮河岸成立了太学。北宋时,又在这里扩建了一座孔庙,专门祭奉士大夫孔子,即闻名遐迩的夫子庙。南宋乾道四年(1168年),江南贡院落成于此。经过历代修缮扩建,此地在明清时达到鼎盛。清同治年间,江南贡院可同时接纳2万多名考生应试。直至晚清废除科举制,这里为国家输送了800多名状元,仅明清时全国就有半数以上官员出自江南贡院,圆满完成了它"为国选材"的神圣使命。不论出身于何处,不论来自何方,一旦走进江南贡院,学子们就感知肩负重任。十年寒窗无人问,只待金榜题名时,未来他们将竭尽自己的才德为国效力。

图1-24 20世纪20年代秦淮河风光

恐怕没有人能数得清,有多少文人墨客曾流连于秦淮河畔,又留下多少经久不衰的千古绝唱。不管是唐朝诗人杜牧《泊秦淮》中的"烟笼寒水月笼沙,夜泊秦淮近酒家。商女不知亡国恨,隔江犹唱后庭花",还是刘禹锡《乌衣巷》中广为流传的那句"旧时王谢堂前燕,飞入寻常百姓家",秦淮河畔的故事都浸润在诗句中,而苍生社稷则萦绕在诗人心中:"居庙堂之高则忧其民,处江湖之远则忧其君。"中国的知识分子和文人士大夫们用自己的文字,阐述着兴邦治国的理想,抒发家国天下之志向。陈独秀、林则徐、魏源、李鸿章、张之洞等历史名人皆出于此地。他们在历史上的不同时期,影响着南京,影响着中国。历史的车轮不断前行,秦淮河金凤楼台、画舫凌波、桨声灯影构成的旖旎景观,依然如梦如幻。金陵文脉在河水的浸润中生长,续写着这座城市的动人传说。

图1-25 今日秦淮河风光

三

城市性格

说起民国时的南京,诗人聂绀弩曾有一段评论:"我初到南京的时候,城内还没有一条宽阔平坦的马路,街面上尽是破旧低矮的瓦屋……一年两年,五年十年,南京完全改换了面目,有了全国最好的柏油路,有了富丽雄伟的会堂、官廨、学校、戏院、商号、菜馆、咖啡店乃至私人住宅……"走在这座城市的街头巷尾,感受市井小巷的烟火气息,这里收纳着城市的个体记忆,用老南京的味道来品鉴城市性格,感知这座城市质朴、包容的和平属性。

图 1-26　20 世纪 30 年代南京街景

美食的个性

食物,是一座城市的文化中最直接、最重要的表达方式。形形色色的美食是南京市民日常生活的缩影。对食物的喜好透露出南京人的性格和这座城市的温度。

茶馆[图1-27]是民国时期南京市民最普遍的休闲去处之一。形形色色的茶馆遍布大街小巷,仅夫子庙一带就有二三十家茶馆,形成了南京特有的茶文化。茶馆的名称五花八门,大多取吉祥之意,如福、顺、兴、泰、安等;样式形形色色,有摆几张桌子、板凳组成的茶摊,也有环境考究的茶社、茶楼。但不管形式如何,都不影响南京市民喝茶的习惯和情趣。无论你什么时候去,茶馆上下都是高朋满座,热闹非凡。一壶茶配上几碟小菜,尽享一天悠闲时光。茶馆可不只是品茗畅谈、娱乐消遣的场所,也有不少达官显贵、富商大贾在此进行业务往来。此外,茶馆也是很多民间艺人谋生之所。他们在此弹琴说唱,供茶客休闲取乐。如今的南京老门东文化历史街区再现了老城南街巷原貌,粉墙黛瓦、木廊庭园,其中就有不少茶社、茶馆。南京博物院的民国馆里也有一个按照老式茶社布局修建的全木结构老茶馆[图1-28],人们落座其中,仍能体验到南京茶文化的独特韵味。

图1-27 老南京茶馆

图1-28 南京博物院老茶馆

菜场也是南京人寻常生活中不可缺少的记忆片段。作家张恨水在小说《丹凤街》中细致刻画了南京菜场的特色风貌："二三十张露天摊子，堆着老绿或嫩绿色的菜蔬。鲜鱼摊子，就摆在菜摊的前面。……男女挽篮子的赶市者，侧着身子在这里挤。……这样的街道，有半华里长，天亮起直到十点钟，都为人和箩担所填塞。米店，柴炭店，酱坊，小百物店，都在这段空间里，抢这一个最忙时间的生意。"熙熙攘攘、人声鼎沸的场景，散发出浓郁的市井生活烟火气。

不可不提的还有南京人对食鸭的情有独钟。南京人食鸭的历史悠久，自清代以来便已兴盛，且花样繁多，"盐水鸭""桂花鸭""板鸭""烤鸭""鸭四件""鸭血粉丝"都是老南京人餐桌上的特色美食。盐水鸭为熟食，一年四季都可制作。价格合理亲民，工薪阶层也可消费。经过烹饪的整鸭，体型饱满，肉质鲜嫩，香气扑鼻。尝一口，油脂混合着鸭肉的甘甜在口中蔓延，肥而不腻，令人牵肠挂肚、唇齿留香。日常闲暇之余，与亲朋好友斩点鸭子，啃点鸭四件，小酌一番，快活似神仙！就连不起眼的鸭油也被南京人很好地利用起来，鸭油酥烧饼[图1-29]便是其中的典范。很多老南京人的一天就是从一口鸭油酥烧饼开始的。刚出炉的烧饼酥香无比。咬上一口，金黄的酥皮伴随着香气萦绕。这些舌尖上的记忆，既起源于饮食，又超越了饮食。这里承载着南京人的家乡情和烟火气，也透露着南京人热情朴素、从容淡定的品质。

图1-29 鸭油酥烧饼

"南京大萝卜"

人们常用"南京大萝卜"来形容南京人。萝卜是一种常见的蔬菜,营养丰富,容易种植。萝卜虽然不是南京的特产,南京人却对这外形敦实、营养丰富的萝卜甚是喜爱,并制作出五花八门的萝卜大餐:糖醋萝卜、凉拌萝卜、红烧萝卜、炒萝卜、炖萝卜等。萝卜从不挑剔与其他食物的搭配,更甘做配角,可与猪、牛、羊、海鲜等几乎所有其他食物共同炮制出地道美食。

南京人就像这萝卜一样,从不排外。南京的博爱,让这座城市既有南方人的温润,又有北方人的直爽。于是,萝卜便化身为南京人的形象,代表着南京人包容淳朴、不拘小节的性格特征。

建筑的品位

建筑是凝固的历史记忆,见证了城市变迁,充盈了南京之美。民国时南京的建筑,无论是数量、样式、材质,还是功能,在全国都首屈一指。中西合璧的民国建筑是南京的城市特色,也是南京城市文化的一个缩影。这些建筑承载着科、教、文、卫等领域的社会功能,发挥着不可替代的社会价值。首都的形象借此得到巩固和渲染,表达了南京人对和谐和自由的追求。

《首都计划》将南京的住宅划分为四个等级:第一等级是别墅和花园洋房;第二、三等级为公寓、普通楼房;第四等级为棚户区。国民政府特别使用"中国名胜"为新规划的住宅区道路命名,例如,主干道为"颐和",两侧路为"珞珈""灵隐""普陀""赤壁""莫干""牯岭""琅琊"等,彰显中国古典文化底蕴。1933年开始,陆续建成287座独立式花园住宅,多为两层洋楼,是南京民国时期高级住宅的集中展示区。区内建筑一律西化,汇集经典洋房样式,几乎成了西洋建筑的小展馆,故有"一条颐和路,半部民国史"之说。

在南京人的记忆中,颐和路是上层人与洋人的居住空间。国民政府高级政要及外国使节,如陈诚、陈布雷、于右任、阎锡山、汤恩伯以及美国总统特使马歇尔,都曾居住于此。因而,这里发生过很多惊心动魄的故事,见证了一个个影响南京的重要瞬间。行走在颐和路上,眼前的一幢幢建筑,既是城市的符号,也是活着的历史。它们穿越百年,目睹了时代更迭,默默记录着民国时期南京的繁荣与品位。

图1-30 颐和路住宅区今貌

南京大学里有一座著名的民国建筑，那便是文学家赛珍珠的故居[图1-31]。赛珍珠是美国人，但她的童年、少年和青年时期都在中国度过，中国可算作她的第二故乡。赛珍珠的丈夫曾在金陵大学农学院担任教授。他们在这幢小楼里度过了8年时光。赛珍珠于1921年来到南京大学的前身——金陵大学，任教于外语系，并在南京大学的另一个前身——国立中央大学，兼职教授教育学、英语等课程。多年的在华生活和学习经历给予她极大的创作灵感。1938年，她的长篇小说《大地》荣获诺贝尔文学奖。这本书极力展现了一位中国农民一生中的生老病死、悲欢离合，被誉为"对中国农民生活史诗般描述"的作品。令人动容的是，书中表现的朴素灵魂中一种向上不屈的力量，也向世界，尤其是西方展示了中国人勇于追求美好生活的精神。美国前总统尼克松曾称她是"一座沟通东西方文明的人桥"。

图 1-31 赛珍珠故居

热爱自由的人!

1938年12月10日,在瑞典斯德哥尔摩举行的颁奖典礼上,当年的诺贝尔文学奖获得者赛珍珠发表了以下感言:

"如果不以我个人的方式提到中国人民,我就还不是真正的自己。在过去的那么多年里,中国人民的生活也就是我自己的生活。而他们的生活也将永远都是我自己生活的一部分。领养过我的中国与我自己的国家有许多心理上的一致之处,其中最突出的就是对自由的热爱。今天,当整个中国正在从事人类最伟大的争取自由的斗争的时候,我们更能够看清楚这一点。我从来没有像现在这样更加敬佩中国。现在,中国人民正团结在一起反击威胁她的自由的敌人。有了这种对自由的决心(这决心深深地扎根于她的本性之中),我知道,她是不可战胜的。"

文体之精神

城市的气质离不开教育和文体的培养。民国时期,南京的科教文体工作一直处于全国领先地位。一批批中国的教育先驱和改革者,心怀梦想来到这座城市,寻找适合中国青少年的教育模式。他们对于教育的探索和贡献,培育了自由、科学的种子,指引着南京乃至中国的发展进程。

1923年春,我国近代学前教育的第一个实验幼稚园在南京成立,名为"南京市私立鼓楼幼稚园",创办人是东南大学教育科儿童心理学教授陈鹤琴。1936年,南京市小学增加到231所,学生近8万人,教职员2000余人。入学儿童达到学龄儿童总数的八成。

南京也是师范教育起步较早的地区之一。1927年春,教育家陶行知在南京北郊创办了晓庄试验乡村师范学校(后改名为"晓庄学校"),确立了"生活即教育""社会即学校""教学合一"的教育理念。陶行知认为,生活本身就是一种生动而鲜活的教育,所以要解放孩子的头脑和双手,让他们多接触社会,使他们充分得到自由的生活。陶行知的"教育为公,以达天下为公"道出了教育的至高境界。在他看来,教育就应该要抛开私心,有教无类,最终达到天下是一家的理想社会。

图1-32 晓庄学校老照片

图 1-33　中央大学旧址大礼堂

南京的高等教育也相对发达，是全国高等教育的表率。至 1937 年初，南京共有 8 所高等学校，包括私立金陵大学和私立金陵女子文理学院，数量位居全国前列。国立中央大学是当时全国院系最全、规模最大的大学，也是今日南京大学、东南大学、南京师范大学等众多名校的前身。这里精英汇聚、大师云集，如地质学家李四光、物理学家吴有训、生物学家童第周、气象学家竺可桢、桥梁专家茅以升、诗人徐志摩、教育家陶行知，等等。他们代表了这座城市的文化素养与精神，用科学知识为国家发展锻造新人。

私立金陵大学是当时的一所著名大学,1910年由美国教会创办的四所书院合并而成,1951年8月该校与金陵女子文理学院合并,称"金陵大学"。受美国教会的影响,金陵大学早期采用了美式教育,对学生要求严格。在校友章开沅先生的回忆中,金陵大学的淘汰率很高,"作业多,参考书也列得多……课堂教学管理很严格。上课时虽不点名,但座位均按姓名英文字首次序排列,教师往讲台上一站,手持名册,环视课堂,谁到了,谁没有到,一目了然"。"那不想读只玩的学生会有什么后果呢?很简单,无法毕业。"在他就读的历史学系,能获得学士学位者,往往只有入学时学生人数的四分之一。金陵大学尤其重视人格的教化和仁爱精神的熏陶。因此,无论师生之间,还是学生之间,关系都很融洽,处处彰显温馨、宽容、仁慈。仁爱互助的精神令不少人终身受益。金陵大学为中国现代大学教育的建立与发展做出了表率,从这里走出的优秀人才分布于海内外,在各个领域内均有所建树。

图1-34 民国时期金陵大学全貌

图1-35 民国时期金陵女子大学100号楼

中国第一所女子大学也出自南京。金陵女子大学于1915年由美国基督教会、长老会、英国伦敦会等七个教会创办,是民国时期著名的教会大学之一。为了改变旧中国的落后面貌,金陵女子大学立校训为"厚生"。校长吴贻芳告诉学生们"人生的目的不仅仅是为了自己,还要用自己的智慧和能力去帮助别人,以丰盈自己的生命"。1922年,该校在宁海路选址。学校的早期建筑设计由著名建筑师、中山陵总设计师吕彦直和他的美国老师墨菲共同完成。墨菲在设计中借鉴了紫禁城的轴线和庭院式布局,在建筑材料和结构上采用西方混凝土结构,仿制出了中国建筑中的柱式、斗拱。墨菲用这种方式表达了对中国古典建筑的喜爱,也延续了中国建筑内在的民族精神。1932年,该校已建成7幢改良式建筑,1934年又建造了图书馆和大礼堂,形成了颇具特色的"中西合璧"建筑群。校址现为南京师范大学的随园校区,被誉为"东方最美的校园"。

图1-36 今南京师范大学随园校区100号楼

文人的风骨

提起南京的教育,便离不开这些耳熟能详的名字:蔡元培、胡适、张恨水、梁实秋、陶行知、俞平伯等。这些民国先生多具备中西兼修的学养、博学多识的才干、坚韧不拔的精神、爱国忧民的情怀,成就了民国文人的风骨。在新旧文化交替之时,他们既教书育人、著书立作,又心系教育、锐意改革。"学界泰斗"蔡元培曾在南京担任中央研究院院长13年。他对我国近代教育做出了突出的贡献。他旗帜鲜明地反对封建教育制度,提出了"德、智、体、美"的教育方针。陈寅恪追求的"独立之精神、自由之思想",胡适恪守的"宁鸣而死,不默而生",陶行知教育救国锲而不舍,爱国作家张恨水的"国如用我何妨死"……这些民国先生立身行道、满腔热血,在思想上为人们修筑了民主自由之屏障。

文娱生活透露并影响着一座城市的精神状态。1932年，南京有日报社29家、通讯社48家、杂志社36家、中西派报社2家。民国新闻业的发展与南京社会和教育的进步息息相关，尤其是新式知识分子走上政治舞台、城市市民阶层收入水平提升，为新闻业的发展提供了市场和环境。新闻媒体是文明社会的重要建设者，也是社会充满活力的一种体现。

那时的南京青年开始接受西方文化，积极参与歌舞比赛、音乐会等文体活动。女性的穿着打扮变得时髦起来，特别是旗袍配高跟鞋深受欢迎。这从民国时期的产品广告可见一斑，它们将女性的流行服饰、发型与妆容表现得淋漓尽致，有西洋风的、有国风的，引领着时尚潮流，也反映出南京女性自由开放、无拘无束的生活状态。

图1-37
穿着时髦的南京女青年

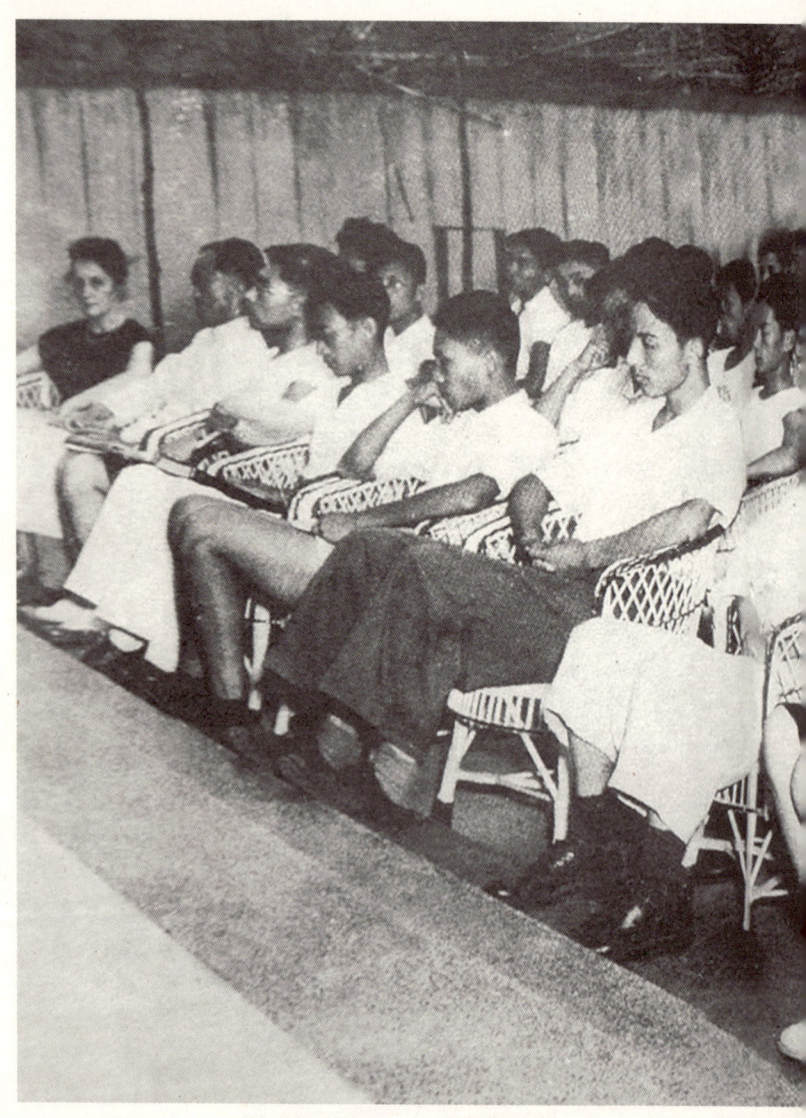

图1-38 聆听国外音乐会的南京青年

民国时期的南京还秉承着"欲恢复民族地位与精神,须先养成健全之体格"的理念,积极发展体育事业,尤其在中国近现代奥林匹克发展史上发挥了不可替代的作用。南京是中国奥运梦的发源地,也是中国近代体育的先驱。民国时期,中国奥委会诞生于东南大学化学教室、近代中国第一届全国运动会在南京跑马场召开、中国奥委会的办公地址曾在剑阁路7号、中国出席奥运会的第一人宋如海毕业于金陵大学……1930年,为筹办第五届全运会,南京建造了全国最大的体育场——中央体育场[图1-39]。中央体育场的主体建筑是田径赛场,此外还包括游泳池、网球场、篮球场(与排球场合用)、国术场、足球场等部分,各场均有看台,总共可容纳观众六万余人。同期,游泳、骑自行车甚至打高尔夫球等运动也出现在社会生活中。南京作为首都,吸引了各国使馆纷纷来此觅址。高尔夫球被外交官员引入南京,并逐渐成为中外人士联谊社交的一个重要方式。

体育,你就是和平!

体育与和平密不可分。"现代奥林匹克之父"法国体育教育家顾拜旦曾赞颂:"体育,你就是和平!"他的名言"将全世界的年轻人召唤到运动场上竞争,而不是到战场上拼杀",则成为现代奥运会和平理念的圭臬。《奥林匹克宪章》对奥林匹克精神的解释是"相互理解、友谊长久、团结一致和公平竞争"。"更快、更高、更强——更团结"的奥林匹克格言,不仅表示要在竞技运动中勇于拼搏,挑战自我,也承载着国家强盛、民族振兴的理想。体育是一种世界语言,它超越了民族、宗教、文化的界限。奥运会让我们保留多样性的同时,让人们在和平竞争当中团结一心,传递着人类和平的共同心愿。

图1-39 民国时期的中央体育场

经过十多年的持续建设,南京初步完成了现代城市的改造,这时的南京既是民族的,也是世界的;既是平静的,也是浪漫的。南京这座城市的规划、建筑、文脉、人民,处处显露出和平的精神与内涵。它用开放平和的心态接纳各国文化的交汇,用安定和谐的姿态搭建对未来的美好憧憬。然而,战争的爆发却无情地中止了南京的繁荣之途。南京城最深重、最残暴的一次创伤由此开始。

2

第二章

暴行发生了:守卫和平

1937年7月7日"卢沟桥事变"之后,日本侵华战争全面爆发。同年12月1日,日本大本营下令攻占中国首都南京。[图2-1] 12月13日,南京沦陷,一场血腥恐怖的暴行开始了。昔日繁华的古都南京,满目疮痍,尸横遍野,成了一座"人间地狱"。

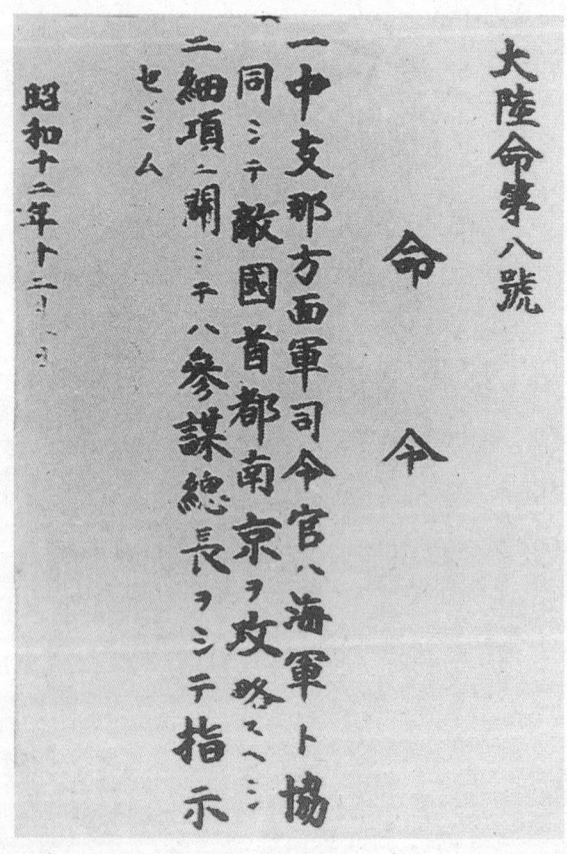

图2-1 日本大本营下达攻打南京的命令

黑暗中的抗争

暴行下的南京

从日军占领南京的第一天起,血腥的杀戮便笼罩了整座城市。起初,日军声称只是为了消灭那些伪装成平民的军人,但也许他们根本就没打算仔细地去区分。那些日子里,枪声总是不绝于耳。《纽约时报》的记者蒂尔曼·德丁曾在路上看到 200 名中国男子被枪杀,整个过程仅仅用了十分钟。此前还生机勃勃的南京城,顿时变得陌生而恐怖。市民们惊恐万分,不敢出门,日常生活全被打乱。

图 2-2　侵华日军占领南京城

日军连续多日的搜捕与屠杀，使南京城成了一个名副其实的"屠场"。被害人数不断上升，到处都是悲惨景象。许多妇女被强奸和杀害，她们的尸体被随意丢弃或焚毁。她们的家人，只要稍有反抗，就会被立刻杀死。

德国驻中国大使罗森在1938年3月4日致德国外交部的一份电报中提到，日军对着手无寸铁的活人练刺刀，例如一个妇女被刺刀从后背刺入，刀尖从前面出来。她被送进美国教会医院，在五分钟后死去。

侥幸逃生的妇女也不得不忍受着身体和精神上的双重折磨，有的失去了亲爱的家人，有的永远失去了做母亲的机会。她们在如花的年纪，本应享受阳光的照拂，拥有美好的前程，却在狰狞可怕的虐杀中走向死亡。

日军还强征中国妇女充当性奴隶。性奴隶（"慰安妇"）制度始于1932年初的上海，南京是亚洲慰安所和"慰安妇"数量最多的城市之一。被日军抢来或骗来的妇女被囚禁在各地的慰安所中。她们不仅被限制人身自由，还备受日军的侮辱与摧残，身心留下了难以磨灭的创伤。即便是逃脱出来的幸存者，这段不堪回首的经历也给她们的一生带来了极大耻辱，并彻底改变了她们的人生轨迹。

雷桂英老人就是幸存者之一。她幼年丧父，母亲改嫁。1941年8月，无依无靠的雷桂英在得知日本人招工后，便去应聘，没想到被骗去当了"慰安妇"。那年的她才13岁，却被日本人强迫接客，并且时常遭到日本人的毒打和折磨。死亡也变得"轻而易举"。她刚进去时的十三四个小姐妹，一年半后就仅剩6人，其余全被日本人摧残而死。终于有一天，雷桂英趁着天黑从后门的厕所逃了出来。但即便离开了那个"人间地狱"，雷桂英也无法过上正常人的生活。除了精神上难以言说的伤害，她的头上至今还有枪托留下的疤痕，大腿上也还有一道被日军划下的伤口，足足有十几厘米长，这使得她终身残疾，走路一瘸一拐，无法像正常人一样劳作。

这段经历还让她丧失了生育能力，只能收养了两个小孩。

2006年，雷桂英受朝鲜"慰安妇"朴永心到南京指认慰安所遗址的行为鼓舞，决定向媒体公开指证日军强征"慰安妇"的罪行，并向历史学者提供了她的证言。她还捐出当年慰安所发给"慰安妇"用于清洗下体的一瓶高锰酸钾消毒粉末[图2-3]作为物证，并准确指认了当年南京的两座慰安所地址。这些对所有曾是"慰安妇"的女性而言都是一种极大的自我挑战。因为只有极少的幸存者愿意谈论这段经历，她们害怕回溯痛苦，也惧怕成为外界冷嘲热讽的对象，类似的二次伤害会将她们好不容易重归平静的生活再次打乱。同时，受亚洲女性传统贞操观念的影响，"慰安妇"受害者的沉默现象在亚洲地区极为普遍。学者谭宪立曾在研究中提到，有五位曾是"慰安妇"的女性只愿在布帘后提供证词，仅将她们的双脚暴露在大众面前。这种根深蒂固的伦理情结，让通往历史真相的道路举步维艰。

图2-3 日军配发给"慰安妇"雷桂英的高锰酸钾消毒粉末

2007年4月，雷桂英于南京逝世，享年79岁。在遗书中，老人表达了她的初心：我这次勇敢地站出来，绝不是为了（获得赔偿）多少金钱而出来的，而是为被日本帝国主义杀害的千千万万的遇难同胞讨个公道……中国人民，世界人民，我们永远不要忘记历史的深重灾难，六十多年过去了，我们在这和平可期的年代里，我们每一个中国人和世界各国人民，都要以史为鉴，要牢记罪恶的历史。我希望历史的悲剧不再重演，不再有战争。战争就是罪恶。

日军在战时实施的一系列暴行，构成了南京大屠杀叙事中最鲜明的记忆符号。这些记忆符号成为战争与暴力、死亡与苦难的"代名词"，也充当着巩固受难者记忆的催化剂。它们给中国民众带来了难以忘却的集体创伤，也在人们的个体意识中留下了不可磨灭的历史印记。南京因此更痛恨战争，更渴望和平。我们也不能忘记，在民族危亡的紧要关头，中国军民与国际友人一道组成了反战和平力量，守望相助、舍己为人、勇敢坚韧，体现出人类的无界大爱与浩然正义。

国民救亡图存

战争中的南京城，每天都在上演着生离死别，同时也涌现出无数可歌可泣、令人敬佩的英雄人物。在中华民族处于危急存亡之际，他们舍生忘死、坚韧不拔，守护心中的正义，捍卫世间的和平。

当日军在草鞋峡江边射杀中国战俘与平民时，有一群人不顾日军机枪的扫射，高喊着"夺枪！夺枪！"赤手空拳地冲向日军，前面的倒下了，后面的又扑上去，直至全部壮烈牺牲。这其中也有一些平民，他们从来没有见过枪，仍然选择挺身而出，迸发出一股抗争的力量。

1939年，南京还发生过一起轰动全城的“毒酒案”。在日本驻南京总领事馆做仆役的詹长炳、詹长麟兄弟，冒险在日伪高级官员的酒壶中投毒，造成日本军政头目死伤多人。事后，詹氏兄弟还给日本总领事写了一封公开信，怒斥日军在南京的暴行，并说“我们既然做了此事，就不怕死，如果被你们捉住，愿为多数被你们残害的人们报仇雪恨，死而无憾”，展现出英勇无畏的民族气节和担当。

日军占领南京后，国共两党都在南京建立了秘密的地下组织。中国共产党在南京先后建立了特别支部和南京工委。新四军自1938年5月开抵苏南敌后战场，长期活动于南京各处，先后在句汤公路、禄口、赤山、金牛山、八百桥、瓜埠等地同日伪军激战。国民党也在南京建立了秘密市党部。国民政府军事委员会还派遣部队在南京外围活动，与日伪军进行战斗。

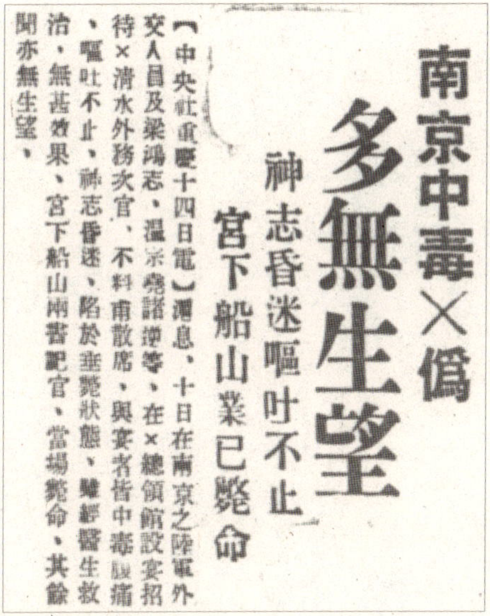

南京中毒×僞
多無生望
神志昏迷嘔吐不止
宮下船山業已斃命

【中央社重慶十四日電】消息、十日在南京之陸軍外交人員及梁鴻志、溫宗堯諸逆等、在×總領館設宴招待×淸水外務次官、不料甫散席、與宴者皆中毒腹痛、嘔吐不止、神志昏迷、陷於垂斃狀態、雖經醫生救治、無甚效果、宮下船山兩書記官、當場斃命、其餘聞亦無生望、

图2-4 《申报(香港)》对“毒酒案”的报道(1939年)

1940年，日军在三井码头周围临江地带建立了两个集中营。集中营三面环水，日军架设3道两米高的铁丝网，中间一道是电网，出口处有碉堡看守。从1941年春开始，日军先后分6批从太原、北京、上海、武汉等地向浦口集中营押送国民党军、新四军和游击队官兵。集中营内生活条件十分恶劣，被俘军民住在破烂的木板房里，遇上刮风下雨，屋内漏雨不止。战俘们在集中营里吃的是发霉的食物，每顿只给一碗饭，还要在日军的武装监管下从事繁重的体力劳动。被俘军民染病、死亡现象屡见不鲜。但许多战俘都抱着"宁死不当亡国奴"的志气，拒不出工，宁愿自杀也不为日军帮工。

　　日军的欺侮和压迫激起了被俘军民的怒火。尽管处境极端恶劣，浦口集中营战俘还是前后组织了4次暴动反抗。在一次暴动中，被俘军民挥舞着木棒、铁锹打死数名日寇士兵，冲出集中营栅门，沿着铁路堤埂奔跑。眼看着就要冲出这座牢笼，不巧开来一列火车，拦住去路。他们不幸被追赶上来的日军抓捕，死伤数百人。到日军投降时，被关押的5000多名战俘仅剩800余人，4000多人或因参与暴动被杀，或因伤病惨死在集中营。

　　抗日战争胜利后，国民党政府为了纪念浦口集中营死难将士，在将士殉难处修建了"抗日蒙难同志纪念塔"和纪念碑。1947年10月26日，国民党政府派要员主持追悼大会，举行了庄严肃穆的落成典礼。1954年，此处被毁。1989年，南京市人民政府决定在浦口区重修"抗日蒙难将士纪念碑"。碑身正面镌刻"抗日蒙难将士纪念碑"九个大字，背面镌刻南京市浦口区人民政府悼念死难将士的碑文，碑顶为紧握的拳头造型，表现了将士们抗争到底和宁死不屈的英雄气概。

民间非暴力抵抗

日军在占领南京后,企图"以华制华""以战养战",对民众进行思想奴化。虽然很多南京市民手无寸铁,血肉之躯也无法承受枪炮的袭击,但他们没有放弃希望,而是采用"非暴力不合作"的方式去对抗敌人、守卫和平。甘地说:"非暴力比战争更有力量!"

南京的劳工们就选择用"消极怠工"进行反抗。浦镇机厂是南京的一家老厂,当时有一万多名中国劳工。该厂被日军接管后,工人们采取"不合作"手段,故意拖延修理时间,降低修理质量。下关发电所作为关键部门也被日军接管,工人们便故意制造人为事故:降负荷、熄锅炉、停机、拉闸等;多烧煤炭,浪费日军的战略物资;举行罢工等。尽管这些行动遭到了日军的严厉镇压和惩罚,发电所的工人们并没有就此屈服,而是采取更加隐蔽的方式阻碍发电所的正常运行,这类斗争一直坚持到战争胜利。

南京教育界也加入非暴力抵抗中。日军侵占南京之后,通过各种手段在南京实施"奴化"教育,妄图借助愚民政策使南京人民丧失反抗精神,但遭到了南京广大师生和家长的坚决抵制。有的老师宁肯失业也不去日伪政府的学校教书;有的家长宁愿送子女去私塾也不去日伪政府的公立学校读书。在此期间,老师们仍利用各种机会鼓励学生们学习祖国的语言文字和史地知识,培养学生的爱国情操;学生们则自发组织抗日救亡团体和爱国运动,积极宣传爱国主义思想。1942年春,南京中央大学学生庄佩琳、黄圭彬、芮琴和等,在同学中建立"民社",通过写作诗文、郊游、晚会等形式广交朋友,联系群众,物色革命对象,从事地下斗争。教育学院的学生还自发组织了"中国救国会中央大学分会"等,宣传爱国思想。

战争暴行之下,南京军民用自己的方式守护和平。他们都是普通人,平凡却又伟大。在血腥的杀戮之下,他们内心更多的是惊慌、恐惧和无助,但这并不意味南京军民就是任人宰割、束手就擒的。大多数的南京市民,虽然手无寸铁,但依然坚守民族气节。有的人选择直面斗争,甚至为此献出了宝贵的生命;有的人采取"非暴力不合作"的方式抵抗。每一次无声的反抗,都是人们不屈的宣言。

二

战时的和平之光

南京沦陷后,为保证在华工作与经商的侨民的人身安全,各国使馆纷纷撤侨,英美记者被迫撤离。古都南京一时沦为与世隔绝的"人间屠场"。此时有24名外国人自愿留守南京。他们在这场残酷的战争中本可置身事外,或在本国政府的安排下安全离开,却都毫不犹豫地选择留在南京。虽然他们无力制止日军的暴行,但他们却尽自己最大的努力去保护和救助中国难民。他们在日军和手无寸铁的中国平民之间筑起了一道缓冲墙,给众多中国难民带来了生的希望。他们不仅是无辜难民的守护者,也是战争暴行的记录者与见证者。他们在南京大屠杀期间留下的信件、日记和影像资料,内容涉及他们目睹的日军暴行,他们翔实地记录了这场"人类浩劫",展现出令人敬佩的国际人道主义与奉献精神。他们是中国人民无法忘却的名字,也是点亮战争暗夜的和平之光。

南京国际大救援

南京大屠杀期间留守南京的海外人士,主要有约翰·拉贝、迈纳·贝茨(贝德士)、威尔逊·米尔斯、乔治·费奇、休伯特·索恩(中文名宋煦伯)、约翰·马吉、詹姆斯·麦卡伦(中文名麦克伦)、明妮·魏特琳(中文名华群)、刘易斯·斯迈思、爱德华·施佩林、罗伯特·威尔逊等20多人。他们虽来自各行各业,如教会、学校、政府机关、医院、新闻媒体、企业等，却都用不同的方式救助战争难民和伤病员，有的人甚至为帮助中国人民争取自由与和平献出了宝贵生命，史称"南京国际大救援"。

南京好人：约翰·拉贝

拉贝出生于德国汉堡，曾作为德国西门子公司的代表在北京、天津、南京等地经商。搬入南京小粉桥1号的拉贝，此前已在中国生活了二十多年，对这片土地怀有深厚的感情。1937年日军侵略南京前夕，德国驻华大使陶德曼曾指示时任西门子公司南京分公司经理拉贝和该公司外籍职员迅速撤离南京，但被拉贝拒绝："南京许多机关、工厂和医院使用的都是西门子公司的产品，需要西门子公司负责维修，我们不能擅离岗位。"他和他的家人在中国生活得如此愉快，他的儿孙也出生在这里，如果在这最危难的时刻离开，他的良心将遭受谴责，也不符合基督教教义。

假如这些都是我们自己的同胞呢？

拉贝在日记中写道："今天善待我30年之久的我的东道主国家遭遇了严重的困难，富人们逃走了，穷人们不得不留下来，他们不知道该到哪里去，他们没有钱逃走，他们不是正面临着被集体屠杀的危险吗？我们难道不应该设法帮助他们吗？至少能救多少是多少吧！假如这些都是我们自己的同胞呢？"

拉贝最终决定冒险留下，随后他和其他二十几位外国人共同发起建立安全区，并被推举为南京安全区国际委员会主席，在南京大屠杀期间庇护了约25万难民。他自己的住宅和小花园也收留了600多名中国难民。在那段时间，他一边操持分公司的运营，一边紧张着手难

图 2-5 1938 年约翰·拉贝在南京安全区国际委员会总部门外的合影（中间为拉贝）

民的安置工作：重新布置了防空洞，照顾难民的饮食起居，与日军谈判斡旋等，展现了在华人士对生命的大爱与对正义的追求。为了表达感谢，南京人民尊称他为"活菩萨""南京好人""南京的辛德勒"等。

  1938 年 1 月底，拉贝接到西门子总部的命令，要求他必须离开南京。回到德国后，他仍心系南京，连续举行报告会，并向德国当局呈送书面报告，揭露日军在南京的暴行。他在战争期间撰写的《拉贝日记》，于 1996 年由拉贝的外孙女莱茵哈特夫人奉献给世人，并在中国出版。《拉贝日记》共 20 本，其中有关南京大屠杀的为 10 本，有 2400 多页，是现存的第三方记录南京大屠杀最重要、最翔实的史料之一。翻开《拉贝日记》，除了对战争暴行的描述，还有各种感人细节：比如每次遇到日军空袭，拉贝便敞开大门让人躲进防空洞避难。洞口有一张中德双语告示，规定儿童和妇女坐在中间的位置，因为那里最安全；男人使用两边的座位或站着。而拉贝自己常常站在外面，把安全留给别人，把危险留给自己。

中国人民不会忘记您

拉贝回国后,境遇凄凉。南京市民得知这个消息后,专门为他举行募捐,并给他邮寄了大量的食物和物品。1950年,拉贝在柏林去世,下葬于威廉皇帝纪念堂墓地。1985年,由于墓地租用到期无人续租,管理部门便拆除了墓碑。中国方面曾与柏林市交涉,希望将该墓作为历史遗迹保留,但遭到拒绝。最终在2013年,由南京市政府捐资,与中国驻德国大使馆合作,在拉贝墓碑原址上重修了拉贝墓园[图2-6],以表达南京人民对拉贝先生人道主义行为的感激和怀念之情。

图2-6 拉贝墓园

屠杀揭露者:贝德士

贝德士是一位历史学家,曾就读于牛津大学、耶鲁大学等名校,南京大屠杀期间担任南京金陵大学美籍教授、历史系主任、文学院院长及副校长。作为一位研究东方历史的学者,信仰基督教和平主义的他对中日两国的历史文化都怀有深挚的感情,主观上并不偏袒任何一方。他一直呼吁两国人民友好相处,加强经济、文化交流。作为南京安全区的灵魂人物,为了在战争中挽救更多平民的生命,他承受着巨大的压力。贝德士独自留在南京城内,妻孩正滞留在日本。他在写给妻子的信中说:"为了建立一个由国际人士主持的面向平民、难民的安全区,我一直在痛苦中勉力挣扎着。成功的机会是有一些的。"

看到昔日繁华的南京被肆无忌惮地洗劫与焚烧,贝德士感到心痛和焦虑。他以金陵大学副校长名义留守,负责保护金大校产。作为南京安全区国际委员会的发起人与组织者之一,他担任了最后一届主席。在此期间,他不止一次向日本使馆致函,抗议日军的战争罪行。同时,贝德士也不断地给美国大使馆写信,揭发日军的所作所为,并特别说明一些侵害美国利益的行为,希望美方能出面斡旋。在此期间,贝德士用历史学家的笔触,对战时状况进行了大量的纪实报道。战争结束后,贝德士出席远东国际军事法庭作证。他所留下的主要史料,如今都以"贝德士文献"案卷存在美国耶鲁大学神学院图书馆特藏室,成为实录南京大屠杀的珍贵一手史料。

耶鲁文献

1946年,章开沅先生进入金陵大学历史系学习。贝德士是对他影响最大的大学教授,两人也结下难忘的师生情。1987年,章开沅已是华中师范大学校长兼历史系教授。有一次,他来到耶鲁大学神学院图书馆查阅资料,意外地发现了保存着的他的老师贝德士关于南京大屠杀的原始资料。虽然当时这并不是他的研究领域,但为了还原这段历史真相,他开始搜集相关史料,并将这些史料加以整理,撰写成书。这些书一经出版,便遭受到日本右翼势力的质疑,他们认为,"贝德士文献"只是个人记述,不足为信。为此,章开沅再次前往耶鲁大学神学院图书馆,又发现了费奇、福斯特、马吉、威尔逊、魏特琳等多位当时南京安全区国际委员会成员遗留的原始资料。这些史料被合称为"耶鲁文献",也成为证明这段历史真实性的一手史料。

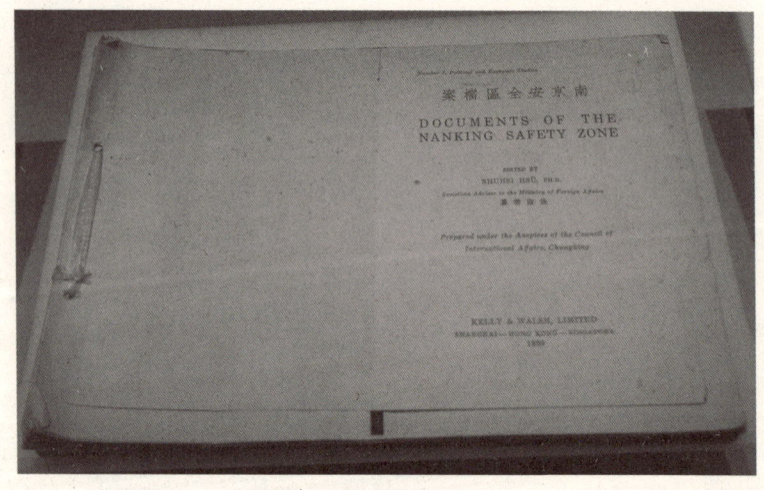

图2-7 "耶鲁文献"之南京安全区档案复制件

"为和平服务":乔治·费奇

乔治·费奇出生在苏州,中文名为费吴生,父母都是传教士。他从哥伦比亚大学毕业后,被派往中国任基督教青年会干事。抗战期间,费奇担任美国基督教青年会南京分会负责人,是约翰·拉贝的亲密战友,后担任南京安全区国际委员会总干事。他精通中文,认识不少国民政府军政官员,因此负责同政府进行粮食、资金方面问题的交涉,以及向上海基督教团体和慈善团体募集救济基金。约翰·马吉的影片正是被费奇缝在驼毛大衣的衬里中,偷偷带到了上海。这在当时是一个令人钦佩的英勇行为。因为一旦被日军发现,就可能给费奇带来巨大的危险。一到上海,费奇立即赶到柯达公司,与在上海的英国《曼彻斯特卫报》记者田伯烈对影片进行了剪辑和拷贝,并开始向外传播正在南京发生的可怕暴行。随后,费奇在华盛顿、纽约、洛杉矶、夏威夷等地发表演讲,讲述日军在南京的可怕行径,为中国争取了国外的支持。同时,他自己也用日记的形式将日军暴行记录下来。这些个人陈述、文字材料均成为东京审判的重要证据。

费奇的一家都对中国怀有深厚的感情。他说,爱中国人就像爱自己一样。当中国人最需要他的时候,他选择挺身而出。回顾自己的一生,费奇讲道:"我生于中国……所以中国也成为我的第二故乡。我在中国服务,也是在为我的祖国服务,同时也是为人类正义与民主和平而服务。"

守护天使：明妮·魏特琳

魏特琳从哥伦比亚大学师范学院获得硕士学位后，于1919年9月来到中国，担任金陵女子文理学院的代理院长。南京大屠杀期间，她担任金陵女子文理学院难民收容所的负责人。她每天大部分时间都在金陵女子文理学院的大门口守护着，防备日军进入校园。她每晚还会邀请一名男性美国传教士来帮助守护校园，并安排工作人员日夜在校园里巡逻。当听说日军正在挨家挨户地寻找"花姑娘"，她又冒着危险接收了上百名妇女和儿童进入金陵女子文理学院避难，也因此招致了日军的愤怒。然而，面对日军的刺刀威胁和暴力恐吓，她仍然顽强而坚定地保护着中国的妇女和儿童。

图 2-8　金陵女子文理学院难民收容所部分工作人员合影（左六为魏特琳）

图 2-9 难民们在排队接种疫苗

为了救济难民,魏特琳千方百计地筹集资金与物资。她将学校的存粮拿出来分给难民,由红十字会粥厂每日供应难民两次米粥。金陵女子文理学院还设有一座小型诊所,由魏特琳的同事和助手程瑞芳夫人负责。除了为难民们提供基本的医疗救助和医药,向妇女宣传公共健康与个人卫生知识,诊所还定期分发奶粉和营养品给难民收容所里的婴幼儿,并协助为数千名难民进行了疫苗接种。

魏特琳还与同事们一起帮助难民收容所里的妇女寻找失散的亲人。即使在这样动乱的环境中,那些失踪者中大多数可能已经遇害,他们仍不愿放弃任何一丝希望。为了这些难民能够拥有一项生活技能,魏特琳还组织了一些家政和技能培训班,进行缝纫、养殖家禽等技能的教学,希望她们在战后也能过上正常生活。作为这场战争的第三方见证者,魏特琳不顾战争环境的险恶,几乎每天都坚持写日记。她所留下的共50多万字的《魏特琳日记》,文笔流畅,感情细腻,给后世留下了一份近距离感知和反思战争的证据。

我不能在这个时候抛开中国！

1937年12月1日，美国大使馆最后一次召集所有滞留南京的美国公民，并警告他们："再不撤离，以后我们将无法保证你们的生命安全。"魏特琳再次坚定地表示："我不能在这个时候抛开中国！"她不顾个人安危，在大使馆出示的"无论如何也不离宁"的证书上签字——这已经是她第四次郑重拒绝美国大使馆要她离开南京的要求。留在南京的魏特琳保护了上万名女性免遭日军的摧残。她的英勇无畏和仁爱之心令许多人赞叹。拉贝先生在日记中曾形象地赞扬魏特琳女士，她"像抱窝的老母鸡带小鸡那样保护着她们"。

真相摄影师：约翰·马吉

1912年，约翰·马吉作为牧师被美国圣公会派往中国传教。到达中国后，他在美国圣公会的南京道胜堂做传教士。南京大屠杀期间，马吉担任了国际红十字会南京委员会主席和南京安全区国际委员会委员，也在鼓楼医院参与诊治和救援工作。他冒着生命危险保留了日军在南京暴行的影像证据。这部影片由他的同伴美国牧师乔治·费奇带出南京，让世界有机会了解到南京正在经历的人间惨剧。

图2-10 约翰·马吉(一排中间)与鼓楼医院工作人员和病人的合影(1938年夏)

这部影片是约翰·马吉在1937年12月至1938年1月期间拍摄的,共8卷。现存胶片总时长为105分钟,是有关南京大屠杀的唯一动态画面。马吉曾坦言:"我们的所见所闻只是发生在这个城市里暴行的一个零头,但我想这足以使你了解在这个城市人们所经历的地狱般的遭遇。"在影片的引言中,马吉也特意写下了拍摄的目的:"(我)把这些场景记录下来,并不是为了煽起对日本的复仇情绪,而仅仅是希望所有的人,包括日本人在内,牢记这场战争的可怕后果,并使他们明白,应该使用一切合法手段结束这场由日本军队挑起的争端。"8年后的1946年,这部影片成为远东国际军事法庭上控诉日军在南京暴行的影像证据。

图 2-11 约翰·马吉拍摄日军暴行时使用的摄影机及胶片

在战争环境中，日军对南京进行了有计划的新闻封锁。他们将南京城内原有的中国新闻传媒机构破坏殆尽，并且切断了南京与外界的所有电讯联系，不希望外界知道任何关于南京的信息。这也解释了为何最初的关于南京大屠杀的报道几乎全部转自西方媒体。正是当时留在南京城内的西方记者，冒着生命危险记录和报道日军的暴行，才使得这些消息通过各种渠道流传到中国各地甚至海外，让更多人注意到这场战争的残酷无情，也给日本施加了尽快结束战争的压力。

生命使者：罗伯特·威尔逊

威尔逊自小在南京长大，对南京怀有一份特殊的感情。1936 年，他在美国完成学业后携家眷返回南京，在鼓楼医院做外科医生。南京沦陷前，美国大使馆多次催促美国人撤离，但威尔逊毅然决定留守南京，成为在 1938 年以前除日军军医之外"南京城内唯一的外科医生"。南京大屠杀期间，威尔逊医治了无数患者，让他们感受到了人性的温暖。除了做好救死扶伤的本职工作外，他还兼任医院司机，并加入国际红十字会南京分会，协助南京安全区国际委员会工作，保护南京的难民。他还多次向日本使馆抗议，并向其提交日军的暴行记录。

当时的金陵大学鼓楼医院承担着救治难民伤员的主要职责。1937 年 11 月底，当日军大举进攻南京时，院长谈和敦与多数中外籍医护人员被迫撤离南京，只留下临时接任院长的传教士詹姆斯·麦卡伦、外科医生罗伯特·威尔逊、内科医生特里默、化验师兼护士格雷斯·鲍尔和护士伊娃·海因兹几位美籍医护人员与中方的一些医护人员，共 20 多人。鼓楼医院作为当时唯一面向平民开放的医院，接诊量很大。在财政和人力都极其紧缺的情况下，医护人员们不顾日军侵扰，不畏艰难，顽强维持着医院运转，冒险留院超负荷工作救治伤员，筑起了守卫生命的防线。

最荒凉的南京

威尔逊医生在 1937 年 12 月 18 日的日记中写道:"我在查看完所照料的 150 名病人后,离开医院回去吃晚饭。一轮圆月从紫金山上徐徐升起,夜色非常美丽,简直无法形容。但这时月光下的南京城却是太平天国以来最荒凉的时期。城市的十分之九被中国人抛弃,街上游荡的日本士兵四处抢劫。剩下的十分之一地区将近有 20 万惊恐的市民。……难民在不久的将来将面临饥饿、冬天的燃料也没有着落……这不是我们期望的令人愉快的冬天……"

除鼓楼医院外,国际红十字会也组建了两个诊所。中国红十字会南京分会和一些国际红十字会员共同行动起来,为死难者、难民等提供了大量无私的援助,其中包括建立掩埋队、设立施粥所、提供难民义诊等服务。虽然战时条件艰苦,且资源极度短缺,还要不时防范日军的威胁和炮弹的突袭,这些医护人员依然无私地保护和救治中国军民,展现了医者仁心的职业素养,充分发扬了人道主义的大爱精神。

灾难中的庇护

在 1937 年的那段黑暗岁月中,留守在南京的海外人士本着国际人道主义立场,自发成立了"南京安全区国际委员会"。他们希望凭借自己第三方的中立身份为战争中无辜的人们赢得一些生存空间。他们与他们的中国友人一道,在战火纷飞中勇敢守护着心中的正义,让无助的难民们感受到人性的温暖和光辉。

1937年底，鉴于中国国内的战争局势，金陵大学董事会董事长、中英文教基金会总干事杭立武博士受法国神父饶家驹在上海办难民区的启发，提议联络西方侨民在南京设立一个收容和保护难民的安全区。他约集了一二十个外国人，说要设一个难民区。没想到好多外国人都欣然同意。其中就包括德国商人拉贝，他曾在日记中写道："每次响起警报声时，一大批穷苦的居民（有男人、女人和孩子）奔跑着经过我的房子到五台山去，那里的山丘下挖有一些较大的防空洞。这是一种灾难。我真不愿意看到这种痛苦的景象，何况妇女们怀里还抱着很小的孩子。"日机连续不断地轰炸，已经让很多市民无家可归。战争造成的生离死别每天都在这座城市上演。虽然不知道前景如何，他们当下共同的心愿，就是为南京人民提供一些力所能及的援助，以帮助他们逃离战争的噩梦。

图2-12　南京安全区国际委员会部分成员合影（左起：欧内斯特·福斯特、威尔逊·米尔斯、约翰·拉贝、刘易斯·斯迈思、爱德华·施佩林、乔治·费奇）

11月22日，南京安全区国际委员会正式成立，由拉贝担任主席。下分财政、粮食、住宅、卫生四个部门，主要为难民提供安全保障、食品供应、设立医院和卫生设施等，并由各负责人分担工作。委员会的成员都从未接受过相应的军事训练，也不是政府官员：拉贝是一个商人，威尔逊是一名医生，马吉是一名牧师，斯迈思和魏特琳是大学教师，但他们怀着对生命的尊重和对正义的坚守，为战争中来不及撤离的市民提供救援和避难场所。

图 2-13　南京安全区国际委员会总部里的难民

然而，要建立这样一个安全区，最大的问题便是日军的态度。毕竟安全区如果得不到日方的认可，它的"中立"和"安全"也就变得毫无意义。为了能让日军为安全区"开绿灯"，安全区国际委员会特别通过美国大使馆向上海美国总领事馆发送电文，由其向日本大使转送；同时又邀请经验丰富的饶神父与日本当局交涉。他们特别希望日本政府从人道主义出发，不驻扎军队、不设立军事机关、不轰炸，保证安全区的民用性质得到尊重。几经曲折，日军最终只是保持了默许的态度。南京安全区占地约3.86平方公里，仅占南京城区面积的1/8，四面以马路为界，意大利和美国大使馆、金陵大学、金陵女子文理学院、鼓楼医院等机构都在其中。但就是这样小小的一片地，却汇聚着无言的大爱，就像黑暗之中的星星烛火，守护着25万无家可归的难民。

安全区内还设立了若干个难民收容所，专门收容需要救助的妇女、儿童与老人等弱势群体。金陵女子文理学院与金陵大学的校园是其中两个最大的难民收容所。难民收容所总数后来发展为25个。由于战事的推进，中国政府对安全区的资助越来越有限。在残酷的现实面前，这些西方人士和中国同胞并没有放弃，他们本着大无畏的人道主义精神，艰难地维系着安全区的运行直至其解散。

图 2-14 金陵大学难民收容所

善良没有国界。在南京城如此悲惨的时刻，如果没有这片灾难中的庇护所，将会有更多的难民走向死亡。岁月的更迭不会掩埋曾经的历史，而他们的善举也会被世人永远铭记。今天，走在南京城内这片不足 4 平方公里的土地上，阳光和煦，宁静祥和。这里的遗址得到了较好保护，唯有那些战争印记，不断提醒着我们生命的脆弱，战争的残酷，与这份和平的弥足珍贵。

三

来之不易的胜利

战争结束了

1941年,太平洋战争爆发,中国也加入了世界反法西斯联盟。经过世界反法西斯联盟的共同战斗,1945年8月15日,日本宣布无条件投降。战争终于结束了!胜利的消息通过电台传到了中国各地,举国上下,男女老少,所有长期饱受战争之苦的人们,无不为这一振奋人心的消息而欣喜若狂。经历过硝烟炮火和生离死别,人们更加懂得和平的来之不易。饱受战争苦难的各个城市,终于在这一天重获新生。

9月9日清晨,从战火中走出来的南京褪去沉闷,换上了节日的盛装,这一切是为了举行中国战区日本投降签字仪式[图2-15]。会场内外都做了精心的布置,烘托出庆祝胜利的氛围。从黄埔路路口到中央军校礼堂门前,沿柏油路两旁每隔50米就竖一根漆着蓝白红三色条纹的旗杆,上悬联合国旗帜。黄埔路路口有一座以松柏枝叶扎成的高大牌楼,上缀"绿色和平"四个金字;中央军校门外牌坊顶端则嵌着一个巨大的红色"V"字,象征着"胜利"。其下方贴有一行金字:中国战区日本投降签字仪式会场。整个会场座无虚席。出席受降仪式的有中国高级军官和文官、盟国代表、中外记者等,加上工作人员和警卫,共计千人左右,共同等候见证这一重要历史时刻。

受降仪式由中国战区陆军总司令何应钦主持。日军代表、驻华日军总司令冈村宁次在日本投降书上签字盖章,何应钦验视后签名盖章。随后,何应钦宣布日军代表退席,日军代表离开礼堂。仪式结束后,何应钦通过广播发表演说:敬告全国同胞及全世界人士,中国战区日军投降签字仪式已于本日上午九时,在南京顺利完成。这是中国历史上最有意义的一个日子,这是中华民族艰苦抗战的结果。东亚及全世界人类和平与繁荣,亦从此开一新的纪元!我们中国将走上和平建设大道,开创中华民族复兴的伟业!

整个受降仪式虽然只有20分钟,但对中国人民而言,这份正义的等待漫长得好似一个世纪。这不仅仅是南京人民的胜利,中国人民的胜利,也是世界反法西斯同盟的胜利。作为世界反法西斯战争的东方主战场,中国人民为战争的胜利做出了巨大牺牲和贡献。

图2-15 中国战区日本投降签字仪式

然而，真正的和平尚未实现。因为武力之下所获得的和平，必然不是长久的和平。只有所有人都成为世界上爱好和平的一分子，发自内心地远离战争，才能达到全人类祈求和平的最终目的。

和平的审判

1946年1月19日，中国、苏联、美国、英国、法国、荷兰、加拿大等11个同盟国，在东京组织了远东国际军事法庭，以违反和平罪、战争罪和违反人道罪对日本战犯等进行了审理。东京审判[图2-16]历时两年半，开庭818次，其审判规模史无前例，甚至超过了纽伦堡审判，为迄今历史上规模最大的审判。针对在中国境内被逮捕的日本战犯，国内又相继在北京、南京、上海、汉口、广州等地设立军事法庭进行审判，为受害者沉冤昭雪，伸张人类正义。

在这些审判中，反和平罪被反复提及。这表明，凡是破坏人类和平与安全的行为，已被明确认定为一种国际罪行，具体包括"计划、准备、发动或实施侵略战争，或违反国际条约、协定或诺言的战争，或参与为实现上述任何战争之一种的共同计划或同谋"。东京审判的首席检察官约瑟夫·贝瑞·季南在开庭辞中多次提及"人类"与"和平"。他说："时至今日，正处于生死存亡关键时刻的人类文明，还应对此等暴行不加阻挠、无动于衷吗？今天，我们已走到了十字路口，我们的问题就是那句著名的话：'生存，还是毁灭？'……我们被授权站在今日法庭之上，我们能利用赋予我们的权力做出什么，才能以正义且有效的方式，为预防未来战争尽绵薄之力。

图 2-16 东京审判

每个人的生命都是神圣不可侵犯的,也永远不可能为不道德的目的而被合法地予以牺牲。"在这个层面上,东京审判所追求的是预防或震慑战争,绝非惩罚或报复等目的。东京审判的意义,或者说是其终极意义,便是世界各国的和平宣言。

东京审判在日本国内也造成了极大的影响。在得知审判结果后,《朝日新闻》以"和平决心的世界性体现"为题发表社论[图2-17],其中提道:"这一判决,对日本和日本历史,也对世界和世界历史,具有值得大书特书的意义。"它"间接地要求支持所谓'国策'并追随被告的普通国民,进行彻底的反省和清算,还明确规定我们国民未来要建设的日本,应是一个和平国家。而且

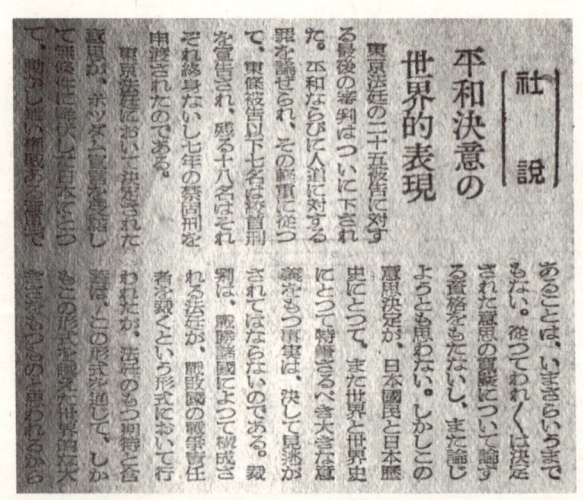

图2-17 《朝日新闻》发表社论《和平决心的世界性体现》(1948年11月13日)

这种要求和规定,将永远制约日本国民的行动,使今后绝不再有受审的时候"。它督促日本人民,不要再继续接受军国主义的戕害,而要成为世界和平的坚定捍卫者。

1946年2月,南京审判战犯军事法庭成立。南京作为在这场战争中遭受深重灾难的城市,对战犯的审判和处置不仅是"正义者的胜利",也是"和平者的胜利"。没有正义的和平,不是真正的和平。这是一场和平的审判。它向全世界宣告,正义必将战胜邪恶!同时也庄重昭告世人远离兵燹战火,为了历史悲剧不再重演,中国人民应与全世界人民包括日本人民一起,为世界的永久和平而不懈努力。

第三章

如何去记忆：呼唤和平

历史记忆是人类记忆的基础和纽带。正如安东尼·史密斯所言："没有记忆就没有认同,没有认同就没有民族。"历史记忆往往带有时代的印记,因而具有多面性和构建性。历史记忆是国家利益和政治行为的反映,也是一个民族团结的凝合剂。它不仅时刻影响着亲历者的现实生活,也为这些人的后代所分享和延续。

图 3-1 战后的南京城

　　战后的南京城"完全是一幅地狱的图景"。城市一片萧条,生活生产一度陷入停滞,市场出现混乱。原本欣欣向荣的城市变得衰败凄凉。南京,这座中国古老的都城,往昔的繁华一去不返。除了日军的烧杀抢夺,血腥的暴行之下,城市破坏、环境污染、文化劫掠以及受害者的心理创伤同样给这座城市和它的人民带来了难以修复的伤害。另一边,日军在战争期间妄图掩盖历史,而战败的结局也让日本民众自食战争的苦果。

一

遗留的伤痕

千疮百孔的家园

战争结束后,南京全市约三分之一的建筑被毁,从普通民房到文物古迹,无一幸免。其中损害最为严重的还属商业区。[图3-2]南京主要的商业街道,如夫子庙、新街口、太平路、中华路都遭到了巨大破坏,这些地区几乎全部需要重建。许多工厂、商店、学校、住宅也被烧得只剩下一堆废墟。曾经的繁华已经难觅踪影。

图 3-2 被破坏的商业区

南京的水资源在战时均受到不同程度的污染。[图3-3]战前大多数市民日常饮用水的主要来源是池塘、秦淮河、水井、长江等。日军在进攻南京前夕,就切断了市内部分电源与水源。南京大屠杀期间,南京城内外的池塘、湖泊都散乱堆积着受害者的尸骸,还有大量的尸体被日军抛入长江。尸体上携带的大量病菌严重污染了水源,南京居民不得不长期忍受饥渴的煎熬。据幸存者回忆:"自十一月起就没有自来水供给,饮水都由塘内挑取,竟是泥汤,但谁也不敢出去担水,大家都只好将就着用。我们多人每晨合洗一盆水,以免浪费……后来才知道,这黄泥水还经过忠躯冤魂浸过的啊。"

南京的空气质量也在战争期间遭到严重破坏。日军进入南京城后,持续进行大规模的轰炸,炮弹中的有毒化学物质源源不断地向空气中释放。每天都有大量的建筑物被无情烧毁,空中持续弥漫着刺鼻的气味,燃烧物和烟尘随风四处飘散。此外,尸体所产生的细菌也污染了空气。尽管南京正值寒冬,马路边堆积的尸体因无人清理仍时时散发出腐烂的恶臭,令人难以呼吸。积压的尸体有些埋土不深,有些暴露在外,再加上动物的啃食,导致疾病四处蔓延。

图3-3 战时被污染的水源

图 3-4 伤痕累累的中山门

战斗让南京紫金山、牛首山、富贵山等地原本茂盛的树林变得焦黑一片,多处树木被砍伐焚毁,草地花卉也被践踏殆尽。当时南京正在筹建中国最大的国家级博物馆——中央博物院,收藏了大量稀世罕见、价值连城的文物,这些都在战争期间惨遭劫掠。中央研究院、江苏省立国学图书馆等 70 余处的图书、文献也被抢夺殆尽。此外,作为宗教文化名城,南京大量寺庵、道观及附属院舍等建筑,如牛首山上的仙窟寺、幽栖寺、花神庙、镇江路的祖灯庵、下关的清真寺等,也都在日军的烧杀抢掠下或残破不堪,或被夷为平地。中山门〔图 3-4〕、紫金山、中山陵等风景名胜,在炮火中变得伤痕累累,中山陵的铜鼎上至今仍保留着清晰的弹痕。战前南京的花园城市与文化古都形象已不复存在。

图 3-5 留有弹孔的南京城砖

南京近代工业所积累的财富,也在此次浩劫中惨遭日军的侵占与摧毁。整个南京工业的破坏、损坏率高达80%。其中包括1937年刚建成投产的永利电厂,硫酸池、水塔等重要设备均被日军抢占或运往日本。对于那些来不及运走的工厂,或被彻底摧毁,或沦为难民营。战争使南京工业化步伐戛然而止,首都南京的"黄金岁月"一去不复返。

和平之花

1937年在南京建成的江南水泥厂,是当时国内规模最大、设备和工艺最先进的水泥厂。孙中山先生在《建国方略》中曾提及大力发展水泥厂的重要性,称"钢铁与士敏土为现代建筑之基"。国民政府为了保护这些设备不受战争侵扰,保护好这份民族资产,特别邀请国外专业人员进行管理。20多岁的贝恩哈尔·阿尔普·辛德贝格就是其中的一员,他负责看护丹麦引进的设备。然而,战争使得工厂生产中断,这里被改造为难民营。在106天里,这个难民营共保护了2万多难民。辛德贝格让人在厂房的屋顶上用油漆刷了一面巨型丹麦国旗以防日军轰炸。他还用照片和信件记录了当时日军的暴行。中国人赞许他的"见义勇为",留下了一段珍贵的中丹友好佳话。

为纪念辛德贝格的义举,2004年辛德贝格的故乡奥胡斯市将当地的一种黄玫瑰命名为"永远的南京·辛德贝格玫瑰"。2019年,南京市政府向奥胡斯市赠送了"辛德贝格雕像",由丹麦女王玛格丽特二世为其揭幕。[图3-6]这座站在南京城砖上、张开双臂的"辛德贝格雕像"象征着中丹人民期盼友谊、共筑和平的美好愿景。

图 3-6 丹麦女王玛格丽特二世（右三）为辛德贝格雕像揭幕

112

永久的精神创伤

南京大屠杀不仅严重侵害了中国人民及西方人士的人身和财产安全，其留下的恐怖记忆更给他们带来了严重的心理创伤。暴行在精神层面的破坏力是超乎想象的，它就像一根深深扎进心头的刺，你明明知道它的存在，却又拔不出来，让人备受折磨。人们在对受害者的调查中发现，很多人都受到噩梦的困扰，一些人的言行甚至逐渐与正常人偏离。随着年龄的增长，这种精神折磨依旧如影随形，甚至会引发一系列的不良反应。幸存者张玉英老人就患上了精神分裂症。她的父亲被日军杀害的那一幕是她无法忘记的梦魇。所有的南京大屠杀幸存者，都或多或少出现过焦虑、恐惧、抑郁、噩梦、暴躁、神经功能紊乱、自闭、臆想等症状，严重者甚至可能因对世界丧失希望而轻生。类似的精神症状同样也出现在纳粹集中营的幸存者中，而这足以印证暴行对人类的伤害是相似的。

暴力的行为虽然存在于过去，但却可以轻而易举地改变一个人的未来。回看幸存者常志强老人的凄惨遭遇，他原本拥有一个十口人的大家庭，却在一瞬间变成了一个孤儿。他的父母和姐弟全都死于这场人为的灾祸。常志强因受惊吓过度昏死过去，这才侥幸捡回一条命。他的人生就这样被改变了。他也一直不愿提及这段恐怖的遭遇，因为一提到，他就会陷入痛苦中无法自拔。

战争期间选择留宁的外国人也同样出现了战后应激反应。费奇离开南京到美国宣讲南京大屠杀时，就曾不断遭受失忆等症状的困扰，虽然 X 光检查他的脑部并未发现问题，但他猜测，"在南京每天的可怕记忆也许同我这神经性疲劳有些关系"。威尔逊医生在战后返回美国，也在疾病和精神创伤的痛苦中度过余生。更严重者则因不堪其扰而放弃生命。金陵女子文理学院难民收容所的负责人魏特琳女士，为不能在南京大屠杀中拯救更多难民而深感自责，最终于 1941 年 5 月 14 日在美国选择自杀以结束战争创伤的折磨。从这个角度而言，他们既是战争中播撒大爱的救助者，却也不幸成为暴力的受害者。

承受着这段记忆负面影响的，不仅仅有当事人，还有史学研究工作者。作家张纯如在写作《南京大屠杀》时，一步步接近过去历史的黑暗，并将惨痛的一面勇敢地揭示出来，沉重的暴力题材给她带来了巨大的精神痛苦和压力。不堪忍受的她最终选择以自杀的方式结束了年轻的生命。更不幸的是，她的遭遇并不是个例，暴力遗留的创伤还在世代延续。

"我更希望的，是和平"

在 2016 年南京大屠杀死难者遗属家祭活动中，年事已高的仇秀英老人回忆起自己的母亲被日军杀害的景象时，泣不成声。"我那时候才 7 岁，我的母亲和哥哥在出门的那一瞬间，被日军发现，母亲当场被击毙，哥哥则被带走干苦力。目睹这一切的父亲原本是要冲出去的，但被人拉住了，为了不再增加无谓的牺牲，也为了照顾我们剩下来的四个孩子。"仇秀英几度哽咽着告诉记者："我依然痛恨当年日军在南京的暴行，现在我有了重孙子孙女，我也会经常给他们讲当年的历史。但是，我更希望的，是和平。我希望不会再有战争，我的子孙也不用再遭受战乱，能够平安长大。"

图 3-7　南京大屠杀已逝幸存者照片墙

历史的凝视
——南京大屠杀幸存者照片墙

歴史を凝視　The Gaze of History

南京大虐殺生存者の写真パネル　Photo Wall of Survivors of the Nanjing Massacre

每位幸存者都有一份不同却又相似的创伤记忆。这种暴力对精神世界的摧残,令世界上经历过战争暴行的受害者都感同身受。可怕的是,它通常不会随着肉体伤痛的痊愈而减轻,在多数情况下只会变得更加刻骨铭心,甚至有可能引发更多的冲突和暴力。截至 2022 年 8 月,南京大屠杀幸存者仅剩 50 余位,而且平均年龄已接近 90 岁。正如贝德士所言:"我们回忆充满恐怖与罪行的往事,绝不是为了复仇,而是为了寻求真理与伸张正义,同时也是为了汲取历史的经验教训。"对于每个幸存者而言,他们永远不会忘记战争的无情和残暴,和平成为他们对未来最大的希冀。

无国界的战争创伤

日军的暴行给中国人民造成了刻骨铭心的伤痛,而战争同样也给日本军民带来了精神和物质上的双重折磨。

1945 年夏,美国分别在广岛、长崎投下两颗原子弹。8 月 15 日,日本裕仁天皇亲自宣读并通过录音发表《终战诏书》,宣布日本无条件投降。战争看似结束了,遗留的创伤却远未结束。一位进入东京的外国记者拉塞尔·布莱恩斯为眼前的凄惨景象所震惊:"所有的一切都被夷为平地……" 1946 年初的数据显示,日本损失了总体财富的三分之一。农村的生活水平降到了大体相当于战前水平的 55%,城镇的生活水平则降到了战前水平的 35%。全国约 66 个主要城市被严重炸毁,至少有三分之一的人变得无家可归。不仅如此,还有约 650 万日本人因战争而滞留在亚洲、西伯利亚和太平洋地区。

战后,日本侨民和战犯被陆续遣返回国,此时的日本经济已经崩溃,回国的很多伤残兵无法得到相应的补偿,生活落魄。一些人甚至流落街头,以乞讨度日。他们身心残缺,又带着"战败的耻辱",双重歧视使得他们的际遇更加悲惨。在投降后的几个月里，日本到处张贴着寻找失散家人的启事。日复一日，身在日本的妻子们、孩子们、父母们仍在等待亲人的归来。对他们来说，死亡的消息或杳无音讯，也许比残疾的身体更让人崩溃。更残酷的是，在一些归国的日本平民少得可怜的行李中，常常出现骨灰盒这一特殊物品。他们历经曲折回归故土，却发现自己的房屋已在战争中变成废墟。其中不乏失去双亲和兄弟姐妹的儿童，不可避免的流浪、饥饿、疾病……则给他们悲惨的生活加注了新的苦难。公园、车站、棚户区成了新的避难所，因无力谋生而自杀、饿死的人随处可见。当难民们走投无路时，乞讨、偷盗甚至成了一项求生技能。战后的数年间，许多城市的居民不得不在棚户区的艰难和绝望中度日。经过漫长的时间，他们才逐渐有机会接受教育并恢复正常人的生活。

战争也给他们留下了深刻的精神摧残。据一位日本老兵回忆，杀戮让人变得疯狂，给他们带来一时的快感，却也让他们陷入长久的悔恨和深深的自责，并给他们的战后生活带来严重负面影响。日本立命馆大学村本邦子在研究中发现，那些从战场上回来的日本兵，大多数会产生家庭暴力倾向。战争的残暴和对善的压制，让其中的一些人再也无法和家人建立起亲密关系。更可怕的是，如果暴力不能得到有效的制止和防范，它还会代际传承，特别是对于那些被迫在暴力的畸形环境中成长起来的人。暴力的蔓延会将人性中美好的部分剥离，结出邪恶的果实。

战争所带来的创伤是无界限的。对大多数的普通人而言，战争已经永远地摧毁了他们从前所熟悉的生活。我们应该明白，对暴力的依赖和沉浸于自我利益的偏执认知，只会让这场悲剧更加痛苦和不堪。暴力一旦发生，只会与曾经的美好渐行渐远。战争连同与之相关的一切，都让人无比厌恶。

二

记忆的重构

承认历史的真实性是求同存异的基础；正义和真相是走向和解与宽恕的前提。任何一个当事人都有责任确保记忆尽可能真实地被保存下来。同时，宽恕的前提必须是人们相信敌对的源头已经得到治理，个人和集体的痛苦和伤害已经得到医治。然而，最大的问题在于，如果施暴者连过去的罪恶事实都想美化甚至掩盖，那么又如何要求受害者一方的宽恕？

西蒙·威森塔尔在1976年出版的《宽恕？！》一书中讲述了这样一个故事：一名参与了犹太人大屠杀的纳粹士兵在临死前向曾被关押在集中营的犹太囚犯威森塔尔进行忏悔，并且请求得到他的宽恕。但威森塔尔最终选择沉默离开。这也留下了著名的"威森塔尔问题"，即究竟该不该宽恕那名濒死的士兵？30年后，《宽恕？！》一书被重新编辑出版，书中收录了当今世界44位专家对该书的回应性文章。结果是，几乎所有人都支持威森塔尔的做法。有人指出"宽恕是一种美德，但残杀无辜是不可宽恕的罪恶"；还有人认为"宽恕表面上显得非常温和，但对被杀害者却非常无情"。

"宽恕是一种美德，但绝不是廉价的。"宽恕不一定意味着赦免罪恶或对暴行熟视无睹，一个人可以在追求正义的同时施行宽恕。人们关键要学会承认"过去的真相"。这是一个互动的过程，特别是施暴者更应该积极回应这段历史，反省战争罪行。也只有各方都确信过去的罪恶不会再来，相信事情在向正确的方向发展，人们才会从痛苦的迷惘中解脱出来，看清现实并寄托希望于未来。

暴行的美化

日军曾试图粉饰和美化自己的侵略行径。他们将自己对中国及亚太其他国家的侵略称为解放白人殖民压迫，建立"大东亚共荣圈"。由于过分严密的新闻管制，无论是中方还是西方的媒体，当时都很难得到关于南京的真实消息。日方只允许日本随军记者采访与报道南京沦陷后的情况，试图捏造并对外传播南京"重获新生"，南京人民热情欢迎日军、感激日军恩德的假象。这些虚假报道几乎占据了中文报纸的大小版面，同时也刊登在日本的主要媒体上，如日本第一大报《东京朝日新闻》以及《朝日画报》《支那事变画报》等，迎合了日本当局希望稳定南京时局、压制国际舆论的战时需要。

日本当局拍摄的大量"宣传照片"，几乎都是在特定的环境中，通过武力胁迫或诱骗的方式拍摄的，且当事人多为儿童、妇女或被俘伤兵等弱势群体，意图营造中日军民和谐相处的假象，美化日本在华的侵略行径。比如，1937年12月22日的《东京朝日新闻》刊登的报道《接受治疗的中国伤兵》，反映的是在一家医院里，日方的军医和护士正在为中国伤兵诊断和治疗。为配合此类新闻，12月27日，上海日军特务机关创办的《新申报》又刊登了一则"日军在南京设立三家临时医院救护中国伤病军人"的消息，竟造谣说，这些被日方救治的中国军人为表达感激之情，甚至表示愿意为日本而战。

然而，留守南京的西方正义人士揭露了日军的卑劣伎俩。美国传教士约翰·马吉牧师在看到《新申报》的那则虚假报道后写道："我认为（日方当局）优待这些伤员是为了宣传而故意做出来的，这样可以抵消当时盛行的难以启齿的凶残。"1938年1月6日，魏特琳在日记中揭发了几名日本记者到难民收容所制造假新闻："几个日本记者来拍照，他们要求妇女们面带笑容，显出高兴的样子，她们尽力而为了。"无论怎么掩饰，那些照片里中国人害怕、惊恐的表情都与日军洋溢着欢乐的面孔格格不入，形成了鲜明的对比。3月4日，德国驻中国大使罗森在一份电报中同样提到，日本人拿来了漂亮的彩色招贴画，描绘了一个"善良"的士兵，手里拿着炊具，肩上搭着一个中国孩子，他贫穷但忠厚的农民父母看着这位"好叔叔"，眼里充满了感激，画面洋溢着家庭的温馨与幸福。"遗憾的是，这些彩色图片与现实不符，倒更像是旅游广告！"可以想象，这些美化后的新闻报道流传至海外，一度掩盖了正在南京发生的暴行，让国际上一些民众对于中国所经受的灾难毫不知情。

不过，日本随军记者与作家中也有一些人良心未泯。他们对中国人在战争中的苦难遭遇深表同情。捏造虚假新闻的行为让他们感到不安，但在日军严格的新闻管制和纪律面前，他们又显得无能为力。日本《东京日日新闻》（现《每日新闻》）的一位摄影师佐藤振寿曾亲眼看到日军在南京励志社残酷杀害大批中国战俘，但他并没有拍摄下那些场面。他说："事后，我向同伴说及此事，他反问我：'身为摄影师，你为什么没有将那些拍下来呢？'我只得回答说：'如果拍了照片，说不定我也会被杀。'"

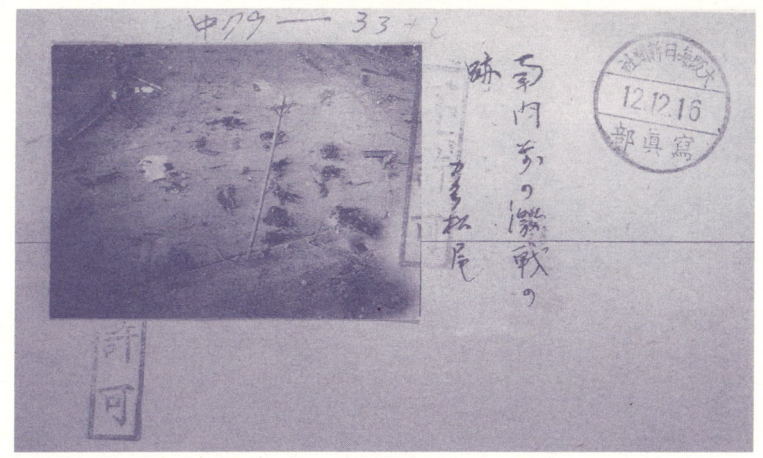

图 3-8 日方"不许可"照片

"不许可"照片

日本当局做出严格规定,各新闻单位总社每天必须将随军记者以航空寄回的每张照片加洗四份,送陆军省、海军省与外务省情报局审批,其中三张分别由上述三个单位留底保存,还有一张退还各新闻单位总社,并在此照片上盖不同的印记表示审查处理意见:盖有"检阅济"印记的照片,可以在报刊上发表;盖上"不许可"印记的照片,严禁在报刊上发表并严禁泄露。其目的是为日方的战争征服营造良好的舆论氛围,避免暴力的景象引发国际和国内的抗议和公愤,给其后续行动带来道德谴责和国际压力。

日本宣布投降之后,日本军部命令各新闻单位将涉及战争的全部资料销毁,其中就包括那些印有"不许可"印记的照相本,希望这段历史能够永远不为人所知。但也有一些日本出版人士坚守正义,比如每日新闻社摄影部主任高田正雄,就冒着生命危险将部分"不许可"的历史照片转移到地库保存下来,为世人了解这段历史真相留下了宝贵的证据。1977年,每日新闻社将这批命运多舛的老照片取出重新冲印,和其他历史图像一同编辑出版为《一亿人的昭和史》(全15卷)系列图册。1998年,又单独出版两册《"不许可"写真集》。经由这些书,这批被盖着"不许可"大红戳的老照片被公布于众。照片中日本士兵举着武器在异国他乡无恶不作,让之前编织的谎言不攻自破。尽管一些日本人仍然利用"伪史料"歪曲、否认侵略历史,但历史的真相不会因此改变。

战争留给一个民族或国家的伤痛是无法忘却的。要抚慰这样的沉痛创伤是一个非常漫长的过程,需要各个方面的共同努力。其中,日本方面作为这段历史中的加害者,理应有更加积极和正确的姿态来记忆这段历史。也唯有直面历史,才能反思自我,才能承担责任,才会有未来。

创伤的唤醒

战争已然结束,但如何记忆这段历史却是中国政府和民众都必须严肃对待的问题。为了悼念侵华日军南京大屠杀死难者,南京市曾于1947年举行了"首都陷敌殉难忠烈同胞纪念大会及公祭典礼"。参加仪式的有南京市参议会、市政府各处局、市党部、中小学及其他团体等40多个单位的代表,《中央日报》等报刊对此活动进行了报道。仪式由当时南京市参议会议长陈裕光主持,在哀乐声中全体为死难者肃立默哀。南京市长沈怡强调"不仅要我们南京市民牢牢记住,全中国人民都不能忘记这历史上的惨痛日子"。为了获得更好的祭奠效果,南京市参议会曾宣布当天停止全市娱乐活动一日,后因经济形势的恶化而不得不取消。1951年以后,南京又举行了相关的悼念活动,但宣传力度并没有明显加强。

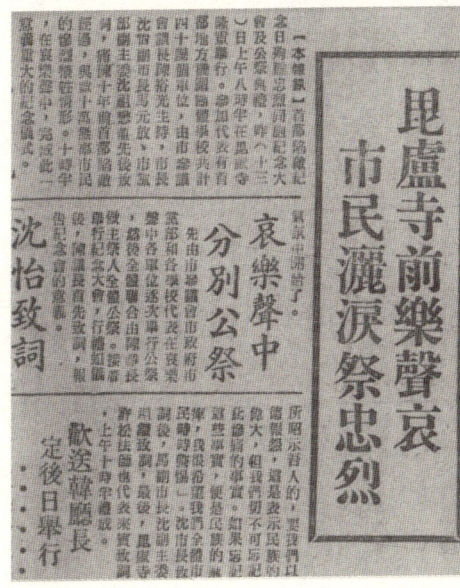

图3-9 《中央日报》对纪念大会及公祭典礼的报道（1947年12月14日）

进入60年代，这段历史记忆深受冷战的国际背景和国内复杂政治格局的双重影响。1972年，日本首相田中角荣应周恩来总理的邀请访问中国。双方经过友好会谈，在北京签署了《中华人民共和国政府和日本国政府联合声明》，建立了正式的外交关系。南京大屠杀在这一时期也因"中日邦交正常化"的友好氛围而较少被提及。另一方面，新中国正处在建设和恢复的重要时期，亟须维护民族自尊、增强民族自信。暴力受害者的负面印象和情绪让人们不自觉地想要与之保持距离。张纯如也在书中提道："南京大屠杀之所以没有像纳粹屠杀犹太人或广岛原子弹那样深入世界人民的意识之中，是因为受害者自己保持沉默。"

1963年《全日制中学历史教学大纲（草案）》颁布后，南京大屠杀的内容逐渐出现在各个课程标准或教学大纲中，并成为历史教科书中的固定内容，尽管篇幅并不算很多。在此之后，得益于学术界对南京大屠杀研究的不断推进，教科书的内容不断得以充实，相关图片和史料日趋完善，学生对这段历史的感知更加细腻。

1982年，"日本教科书事件"将这段创伤历史再次推上舆论的风口浪尖。日本"新历史教科书编撰会"编写的歪曲历史真相、美化侵略战争的中学历史教科书，引发了东亚各国的不满，同时严重伤害了亚太地区二战受害国的民族情感。中国政府对此正式向日方提出交涉，《人民日报》当即发表特别评论《必须牢记这个教训》，指出：如果日本鉴于事件已经过去，不想给今天日本同中国和东南亚国家的友谊带来"阴影"，……那就大错而特错了。日本军国主义的侵略扩张政策，给中国、东南亚各国人民，也给日本人民带来了深重的灾难，这个历史事实必须尊重，绝不能篡改。只有这样，才能对日本人民和中国、东南亚各国人民起到"前事不忘，后事之师"的作用，才能有利于日本同中国、东南亚各国友谊的巩固和发展。

两国在如何记忆这场战争上的巨大分歧，导致战争遗留的伤口至今无法愈合。而在双方论争的过程中，一旦出现了对真相的偏离，如美化战争罪行的意图，就会破坏双方的信任，让创伤修复的道路变得更加崎岖。

为沉痛悼念南京大屠杀中的死难者，南京市民和全国各地群众纷纷呼吁政府组织建馆、修史、立碑。与此同时，中国官方开始有组织、有计划、大规模地研究、整理及传播南京大屠杀史实。中国政府在南京筹建"侵华日军南京大屠杀遇难同胞纪念馆"以示强烈的回应。在新的历史背景下，这段创伤记忆被重新加以塑造与诠释，同时也被赋予了新的内涵和使命。

三

真相的诉求

弄清历史的真相对饱受暴力冲突的社会非常重要,这是医治民族创伤的后遗症、重建社会信任的前提。尤其是澄清事实真相,依法惩治作恶者,并为受害者发声,更是实现和平建设的基础。战后,南京大屠杀的历史一度沉寂,社会记忆也由于各种主客观原因回避。20世纪末,从政府高层到民间社会都开始越来越重视南京大屠杀的叙事与传播。南京通过各种方式如记忆场馆建设、学术研究、艺术创作等,从受难者的视角展现历史场景,揭露战争的残酷,挖掘历史的真相,为受害者伸张正义,推动大屠杀个人记忆转换为集体记忆。

控诉暴力的纪念场所

侵华日军南京大屠杀遇难同胞纪念馆

1983年底,南京市人民政府经中国共产党江苏省委员会和江苏省人民政府批准,开始筹建侵华日军南京大屠杀遇难同胞纪念馆,设立了"南京大屠杀"编史建馆立碑工作领导小组,由时任南京市长张耀华任组长。为还原历史的真实性,纪念馆特意选址在南京大屠杀遗址之一的万人坑,以"生与死"为主题。纪念馆由齐康院士主持设计,于1985年2月20日正式动工,同年8月15日建成并对外开放,占地面积2.2万平方米,建筑面积2500平方米。

图 3-10 侵华日军南京大屠杀遇难同胞纪念馆全景图

2005年,纪念馆又进行了二期扩建,由著名建筑师何镜堂院士主持。扩建后的纪念馆总占地面积7.4万平方米,仍以灾难原址为中心,沿轴线从东向西依次呈现战争、杀戮、和平三大主题。二期扩建工程凸显对和平与暴力的辩证思考。二期纪念馆外形犹如一叶"和平之舟"[图3-10],同时为了减小对老馆体量的冲击,新馆将老馆的部分主体埋于地下,地上部分则犹如一把被斩断的军刀,寓意正义必将战胜邪恶。同时,全馆以黑色和灰色为主题色,通过枯木、砂石、群雕、壁雕等诸多景观,营造肃穆凝重的氛围。

走进纪念馆广场,便可看到那座极其醒目、庄严神圣的十字架纪念碑[图3-11]。纪念碑上铭刻着南京大屠杀发生的日期(1937年12月13日—1938年1月),侧面的大理石墙壁上印刻着11种语言书写的"遇难者300000"。在纪念碑的设计上,齐康院士借鉴了基督教的"十字架"元素。十字架在基督教中代表"救赎",但对于南京大屠杀的受难者而言,十字架亦寓意着逝者安息和对和平的向往!同时,它也告诫人们永远不要忘记这段历史,警示施暴者应该为他们的罪行而忏悔。

"死亡之庭"部分则将战争与死亡的概念直接呈现。纪念馆内现存三处南京大屠杀"万人坑"遗址,分别展示了1984年、1998—1999年以及2006年发现的遇难者遗骸,占地170平方米。参观者可透过玻璃围墙清晰地看到这些遗骸,它们多存在明显外伤或严重变形。此处以极强的视觉和情感冲击让参观者感受战争的恐怖。

图 3-11 十字架纪念碑

纪念馆中还陈列有遇难者档案墙，共展示了 12000 多盒有关南京大屠杀遇难者的档案资料。随手翻开一本档案，就可以清楚看到死者的姓名、年龄、遇难前住址、遇难时间、遇难地点和遇难情形等信息。这些信息虽简单零散，却以其真实性打动人心。再进入"冥思厅"，深色的花岗岩墙壁将氛围营造得冰冷幽暗。一座钢桥从烛光闪烁的水面穿过，桥的尽头刻着发人深省的诗句："让白骨得以入殓，让冤魂能够安眠，把屠刀化铸警钟，把逝名刻作史鉴，让孩童不再恐惧，让母亲不再哭泣，让战争远离人类，让和平洒满未来。"走出冥思厅，参观者穿过肃静的长廊，可以看到户外中央祭台上，巨大的白色祭奠雕塑和燃烧着的圣火，可以沉淀人们悲愤的情绪。最后进入纪念馆的尾声——和平公园，光明宽阔的场地与之前的黑暗压抑形成了鲜明的对比。

在整个展览中，纪念馆结合多媒体手段，多处利用声光电技术、视频与场景布置，此外，还陈列着大量的主题式雕塑与绘画作品。如展馆室外的 11 座"遇难同胞"群雕 [图 3-12]，每座雕塑都以真实的历史人物为原型，借助多种途径，使参观者仿佛置身于历史之中，增强感官体验与情感共鸣。

图3-12 "遇难同胞"群雕

纪念馆的空间主要围绕着情感变化来布局,共同塑造了纪念馆完整的叙事篇章:从大屠杀史实展览、祭场到冥思厅,这部分主要是体现对受难者的纪念和哀悼;最后到视野开阔的和平公园,充满生机的绿色植被呈现出和平宁静。参观路线从地上到地下再到地上,寓意从黑暗走向光明,也象征着从屈辱走向胜利。自建馆以来,纪念馆共展出各类藏品18万余件,主要为照片、档案和实物,并配有音频解说和历史影像,其中不乏从海外搜集的珍贵史料。2004年,纪念馆开始免费向社会公众开放,当年就接待参观者114万人次。目前,纪念馆年接待量超过800万人次,累积接待包括来自美、日、英、德、法等100多个国家及地区的海外人士。纪念馆发挥着传播历史事实和爱国主义教育的重要功能。它逐渐融入这段历史记忆之中,成为中国人铭记与悼念受难者的重要场所和独一无二的记忆承载空间。

主题馆：南京利济巷慰安所旧址陈列馆

走在利济巷，很难想象，这条平淡无奇的小道曾是南京妇女们最害怕的一条路。路那头的房子里曾经住着日本宪兵，而那几幢外表平凡无奇的黄色小楼便是真正的"人间地狱"。2003年11月，曾被日军诱骗来华充当3年"慰安妇"的朝鲜老人朴永心，在其81岁高龄时重回南京利济巷，指认了这处曾让她肝肠寸断的伤心地。回忆起这段经历，她说"我的人生太苦了，几本书都写不完"。

2015年，这里修建了南京利济巷慰安所旧址陈列馆。该馆是中国大陆首座以"慰安妇"为主题的纪念馆，同时也是侵华日军南京大屠杀遇难同胞纪念馆的分馆。进入陈列馆的大门，入口处矗立着以朝鲜籍"慰安妇"朴永心为原型的铜像[图3-13]。塑像主体是三位"慰安妇"：一位跪地披散着头发，一位扶着孕肚抚慰着跪地的妇女，另一位挽着其中一位的手掩面哭泣。其背面的外墙上，悬挂着十几颗巨大"泪滴"，折射出"慰安妇"的悲伤与无助。另一幢建筑外墙上展示着70位"慰安妇"幸存者的黑白肖像照。从那一张张饱经沧桑的面孔中，参观者可以感知暴行给她们留下的那份屈辱和痛苦。照片墙下开辟了一块土地，这里"终年湿润"，象征着受害者的眼泪永远不会干涸。

图 3-13 南京利济巷慰安所旧址陈列馆前的"慰安妇"铜像

该馆以"泪"为主题，通过1600多件文物展品、近700幅照片，展示了侵华日军对中国及其他国家和地区的"慰安妇"所造成的严重伤害。部分展区还原了慰安所的历史场景，包括"慰安妇"的日常用品与被拘禁的房间原址等，并利用视频、浮雕、实物、照片等方式加强参观者的感官体验。日军的慰安所几乎遍及中国大陆南方占领区，仅上海一市，目前能确认的慰安所就至少有160多个。战争期间，一些来自菲律宾、缅甸、朝鲜半岛、马来半岛等国家和地区的妇女，也同样沦为"慰安妇"。纪念馆的每一件展品，都代表着受害者的痛苦记忆。但是，"慰安妇"问题至今尚未得到国际社会的充分认识。2014年6月，中国开始组织"慰安妇"档案申报"世界记忆名录"，目前这项工作仍在进行。其目的不是延续仇恨，而是要让全世界人民都了解这丑恶的军队性奴隶制度，并从中吸取教训，不再让历史重演。这段苦痛的经历中国不会忘却，世界也不会忘却。

国际人物馆：南京大学拉贝与国际安全区纪念馆

南京广州路小粉桥1号，有一座静谧的庭院。穿过稍显狭窄的前门，便可看到这座隐于闹市的两层西式小楼。这里曾住着一位在华经商的德国人，他就是被后人称为"南京好人"的约翰·拉贝。自1997年起，在南京市人民政府的支持下，南京大学就开始对拉贝故居进行维护，并着手将其修建成纪念馆。2005年12月，南京大学与德国驻上海总领事馆、西门子（中国）有限公司、江苏博西家用电器销售公司等单位签订了中德共建"拉贝与国际安全区纪念馆""拉贝国际和平与冲突化解研究交流中心"的协议，并于2006年10月31日举行了开馆仪式。

纪念馆从全国各地及德国外交部档案馆、拉贝的亲属等处搜集了上千份史料，最终公开展出了300多张图片、50多件实物和4部影像资料片。院子的角落还有一个狭小的防空洞，还原了空袭时庇护难民的场景。建馆十余年，已接待海内外参观者20多万人次，并于2010年入选"国际网络和平博物馆"。多年来，拉贝纪念馆积极组织文化交流活动，成立了国际志愿者服务团队，为参观者讲解拉贝事迹、翻译相关历史资料等。如今，它成为和平交流的使者，承载着中德两国人民的友谊。

民间办馆：南京民间抗日战争博物馆

南京民间抗日战争博物馆位于南京雨花区安德门大街。该馆由民间企业家吴先斌先生创建，是一家注重从民间记忆层面展示战争给中国人民留下的记忆和反思的史料陈列馆。2006年开馆以来，吴馆长陆续投入上千万元在全国各地搜集民间的抗战遗物，走访抗战老兵和南京大屠杀幸存者，并进行口述史整理。目前，该馆共有文物5900余件，包括南京大屠杀的历史照片、实物、报刊、著作、艺术品、各种抗战勋章，以及为抗战老兵录制的口述史影像等珍贵历史资料。四楼为资料室，陈列着4万余册抗战书籍，其中关于抗战历史的孤本善本就有2000多本。该馆每年开放300天，每年接待参观者5万多人次，是一家颇有影响力的私人博物馆。

"把国家记忆与民间记忆相融，才能构成民族的记忆。"这里的展品，没有过多的血腥，有的只是一个个真实的历史人物和事件。令人印象深刻的是三楼展厅的整面抗战老兵手印留言墙［图3-14］，上面悬挂着2000多幅抗战老兵的红色手印和签名，这背后是8年漫长的走访和30万分钟的老兵口述史资料。看着整面墙上有温度的手印，虽然随着时间的流逝，这些老人终会离去，但他们的故事会永远留在博物馆里供人倾听和思考，他们的英雄精神长存。

图 3-14　抗战老兵手印留言墙

馆门口有一行小字——"一个寻找英雄的地方"。一个有希望的民族不能没有英雄。他们都是普通人，既平凡又不平凡。当国家遭受侵略、民族陷入危亡之际，他们舍生忘死、义无反顾地守卫和平，保卫家乡。他们在烽火年代保家卫国，是令人崇敬的革命先烈。馆徽上有两句简洁的标语："NO WAR"（反对战争）和"共赴国难"。这里的每一件文物、每一段影像都彰显着正义必胜、和平必胜的英雄气概。在今天的和平时代，仍需要这种英雄情怀，它教会我们处事凛然、不畏艰险、忠肝义胆，激励着我们在追逐梦想与和平的道路上不断奋进。

事件主题馆：南京抗日航空烈士纪念馆

战争爆发后，为了抵挡日军的猛烈攻击，只经过短暂学习训练的中国空军飞行员毅然驾机冲上云霄，与日军进行殊死厮杀。一大批精英血洒碧空，飞机也几乎损伤殆尽。抗战期间，中国空军有6000多名飞行员和地勤人员阵亡或殉职，7897名空军官兵负伤或致残。危难时刻，许多国家的政府、团体和个人纷纷伸出援助之手。苏联、美国和韩国等国的飞行员、地勤人员及其他专业人员，也不顾个人安危，先后奔赴中国战场，与中国军队并肩作战，并为中国抗日战场运送物资。

战争结束后，政府专门修建公墓以纪念这些英勇献身的国际抗日航空烈士。1995年9月，在公墓上方修建了"抗日航空烈士纪念碑"［图3-15］。2008年，南京市政府又在紫金山北麓建设了南京抗日航空烈士纪念馆。这是国内首座也是唯一一座集"公墓""纪念碑""纪念馆"为一体的主题纪念馆。通过史料展陈、雕塑陈列、战机模型、历史影像等形式全面展现中国空军和国际援华空军共同作战的英勇事迹。

图 3-15 抗日航空烈士纪念碑

在墓园内 30 座黑色的纪念碑附碑上,镌刻着 3306 名中外航空烈士的英名(包括中国烈士 882 名,苏联烈士 236 名,美国烈士 2186 名,韩国烈士 2 名),供人瞻仰和缅怀。在一面面附碑上,整齐刻着每一位烈士的姓名、职务或军衔、籍贯、出生年份和牺牲年月日,其中既有一线战斗人员,也有部分地勤人员及飞行学员。航空烈士公墓曾在历史中屡遭破坏,在漫长的修复过程中,得到了政府的资金支持和海内外爱国人士的热情捐款。纪念馆和纪念碑的设计师是北京的孟繁华先生,他在设计中融入国际空军团结作战的理念。纪念碑前有两组小雕塑,一组是中国和苏联飞行员相伴向前,名为"出征",另一组是中国和美国飞行员共同摆出胜利的手势,名为"祝捷"。[图 3-16] 他们虽然来自不同的国家,但当一架架飞机搏击长空之时,他们都有着保卫和平的共同心愿。

图 3-16 纪念碑前的雕塑 ——"出征"和"祝捷"

像西部牛仔一样主持正义

罗伯特·肖特,美国华盛顿州人,应美国波音飞机公司之聘来华担任战斗机试飞员兼教练员。1932年淞沪战争爆发,抵达上海的肖特目睹了日本军机在中国的狂轰滥炸行径,义愤填膺的他在日记中写道:希望能像西部牛仔一样,驾驶战机主持正义。

1932年2月20日,肖特驾驶波音218战机在飞往南京时遭遇3架日军轰炸机,双方激战近30分钟,肖特击伤了1架日机。2月22日,肖特驾机在苏州上空巡逻,突然发现6架日本战机正对中国民众扫射和轰炸。为了保护中国人民,肖特不顾个人安危,毅然与之对抗。但终因孤军奋战,他不幸壮烈牺牲,年仅27岁。

中国政府为肖特追授了空军上尉的军衔,并把他的家人从国外请来,为他举办了一场盛大的葬礼。数万民众被他的事迹感动,自发前来为他送行。今天,南京航空烈士纪念碑上镌刻着肖特烈士的英名,我们永远不会忘记。

据统计,南京市已有40处悼念抗日牺牲烈士的纪念地(烈士墓)。"抗战烈士纪念地"分为四大类:抗日烈士陵园、抗战时期烈士墓的综合烈士陵园、单个烈士墓、无实际墓地的烈士纪念碑。目前,南京市共有6处入选《国家级抗战纪念设施、遗址名录》:侵华日军南京大屠杀遇难同胞纪念馆、南京抗日航空烈士纪念馆、中国战区侵华日军投降签字仪式旧址、拉贝故居、侵华日军南京利济巷慰安所旧址和云台山抗日烈士陵园。抗战遗址和纪念馆是传播历史记忆的强大平台与历史事件的记忆载体,也是缅怀历史的公共文化空间,承载着开展爱国主义教育的功能。不过,纪念场馆作为公共教育机构,不能只停留在揭示过去的暴行和受害情况,而不参与面向未来的冲突后修复。构建和平文化的功用仍有待进一步挖掘。

呼唤真相的史料研究

多年来,史料研究一直是南京大屠杀研究的重要支撑和保证,集中反映出这段历史记忆的变化趋势。1960年,南京大学教授高兴祖带领南京大学历史系日本史小组,组织部分学生对南京大屠杀进行了详细调查研究,于1962年编成仅供南大内部教学使用的《日本帝国主义在南京的大屠杀》。该书直到1979年才在南京大学内部出版,是国内对于这段历史第一次较为全面的叙述。生于1928年的高兴祖,亲历了这场战争,他的家人在战争中失去了宝贵的生命,所以他希望能有更多人了解和正视这场人类悲剧,不要忘记战争中那些死难者和受害者。但在当时的学术环境中,南京大屠杀并不算是热点问题,所以这本书并没有获得重视,颇费周折才找到了愿意出版的出版社。然而,随着日本教科书事件的发生和国内外局势的变化,南京大屠杀史研究又再度回到国内学术界的视野中。1985年,高兴祖的《日军侵华暴行——南京大屠杀》公开出版,是第一本系统介绍南京大屠杀始末的专著,后被翻译成日文在日本发售。

此后,为了揭露历史真相,国内学者纷纷发表著述,南京大屠杀史研究逐步走上正轨。进入21世纪,南京大屠杀史研究领域涌现一批老中青年学者,形成了较为稳定的专业研究团队。随着研究团队和内容的扩大,除了学术专著,又逐渐加入小说、报告文学、绘本等通俗读物，多语言、多年龄层次和多方位地宣传历史事实。丰富专业的研究著述，各种语言资料的翻译整理，多年走访幸存者的经历与记录，不断披露史实的证据细节，让这段历史记忆在中国人的脑海里愈发深刻。

2011年，《南京大屠杀史料集》出版。这是目前关于南京大屠杀最翔实的史料集。这套丛书共78卷，4000余万字，耗时十年。编撰者们先后奔赴美、英、德、日等国，在那里的档案馆、史料馆、研究所等机构搜集和整理文献资料、口述资料，最终整理成卷。在此期间，国内也引进与翻译了一批日本学者的研究成果。如日本学者洞富雄的《南京大屠杀》（1987年）、津田道夫的《南京大屠杀和日本人的精神构造》（1995年）、笠原十九司的《难民区百日》（2005年）等，这些作品表达出日本进步学者对维护历史真相、谴责战争暴力的正义立场，促进了中日双方的学术交流。

2021年，侵华日军南京大屠杀遇难同胞纪念馆与美国内布拉斯加大学华人教授陆束屏合作出版了《日军南京暴行：德国外交文件中记载的南京大屠杀与劫后社会状况》。该书收录了德国外交官在南京大屠杀发生后发往德国外交部和德国驻华大使馆的电报、信件、报告等外交文件，具有重要的史料价值。

南京大屠杀档案申遗成功

2015年,历经8年的精心筹备,南京大屠杀档案正式列入联合国教科文组织"世界记忆名录"。[图3-17]"世界记忆名录"作为世界文化遗产项目(包括文化遗产、自然遗产、文化自然双遗产)的延伸,是联合国教科文组织于1992年启动的文献保护项目,旨在通过国际合作,利用技术手段,对世界范围内正在逐渐老化、损毁、消失的文献记录进行抢救,力图完整地保存人类记忆。据联合国教科文组织官方网站显示,中国提交的南京大屠杀档案共有三部分,包括:1937—1938年,日本侵略军占领南京期间大肆杀戮中国军人和平民的档案;1945—1947年,对日本战犯调查和审判的档案;1952—1956年,中华人民共和国司法机构提供的文件。这些历史档案充分证明了南京大屠杀是一个不可否认的历史事实,是不能忘却的历史记忆。

图3-17 南京大屠杀档案被列入"世界记忆名录"(2015年)

另一方面,国际学术界对这段历史也日益关注。如美籍华裔女作家张纯如,著有《南京大屠杀:被遗忘的二战浩劫》。

第一次听说南京大屠杀时,张纯如还是一个小女孩。她的父母在二战时的中国长大,战后则流亡海外。在父辈的记忆中,南京大屠杀是他们无法忘记的伤痛记忆。当父亲谈起这段历史时,张纯如还只是懵懵懂懂。好奇的她想查阅相关资料,却发现很难找到关于这场战争的内容。20年后,她成为一名职业作家,因偶然接触到有关日军南京暴行的照片,这段尘封的记忆再次闯入她的生活。原来父亲口述的内容也只是日军种种恶行的冰山一角。一个问题油然而生:为什么那么多西方人都知道德国纳粹的罪行,却很少有人关注到发生在中国的这场暴行?想到这里,张纯如愤怒了。她决定投身到这项研究之中,把这段历史的真相记录下来并公布于众,让所有人都不要忘记这段历史。

张纯如花费近三年的时间,在世界各地访问了许多幸存者,收集了中文、日文、德文和英文的大量资料,以及从未出版的日记、笔记、信函、政府报告等原始材料。面对如此庞大的资料整理工作,张纯如废寝忘食,经常一天工作超过10个小时。最痛苦的是在对这些资料进行阅读和整理时,当一切罪恶铺展在她的眼前,张纯如常被"气得发抖,泪流满面"。张纯如不禁在书中写道:尽管孩提时代我就听到许多关于南京大屠杀的事情,但却从未做好准备看到这些照片。在这个极度痛苦的时刻,我醒悟到,不仅生命是脆弱的,人类的经验本身也是脆弱的。

张纯如曾于 1995 年来南京实地考察，亲身采访南京大屠杀幸存者，探求历史的细节。这些幸存者多渺然一身，得不到加害者公正的道歉和赔偿。她发现那些曾经存于文字上的痛苦，在现实中更加触目惊心；很难理解，这座城市，这个国家，曾发生过这样的人间惨剧，却鲜被提及，更别说得到世界范围内的知晓和关注。此情此景让张纯如下定决心"要拯救那些被遗忘的人，为那些再也不能说话的人发声"。

1997 年，该书终于在美国出版，立即在西方世界引起强烈反响，被再版 15 次之多，被誉为"第一部全面研究南京大屠杀的英文著作"。张纯如是英雄，凭一己之力，将这段历史展现在西方世界面前。她自己则由于长期从事阴暗题材写作，操劳过度，心理抑郁，于 2004 年在车内饮弹自尽，结束了自己年仅 36 岁的生命。

张纯如:《南京大屠杀》(节选)

本书仅对日本人在南京的残暴行径予以最朴素的概述，因为本书的目的并不是以量化的记录来评价这桩人类历史上的暴行，而是旨在弄清事实，吸取教训而使警钟长鸣。然而，程度上的差别常能反映类别的不同，为了帮助读者了解 60 年前在一个被称作南京的城市里发生的大屠杀的程度，我必须要举出一些统计数字。一位历史学家曾估算，如果把南京死难者的手连接起来，可以从南京一直拉到杭州，足有 200 英里长。他们的血液总重可达 1200 吨，他们的尸体可以装满 2500 节火车车厢。

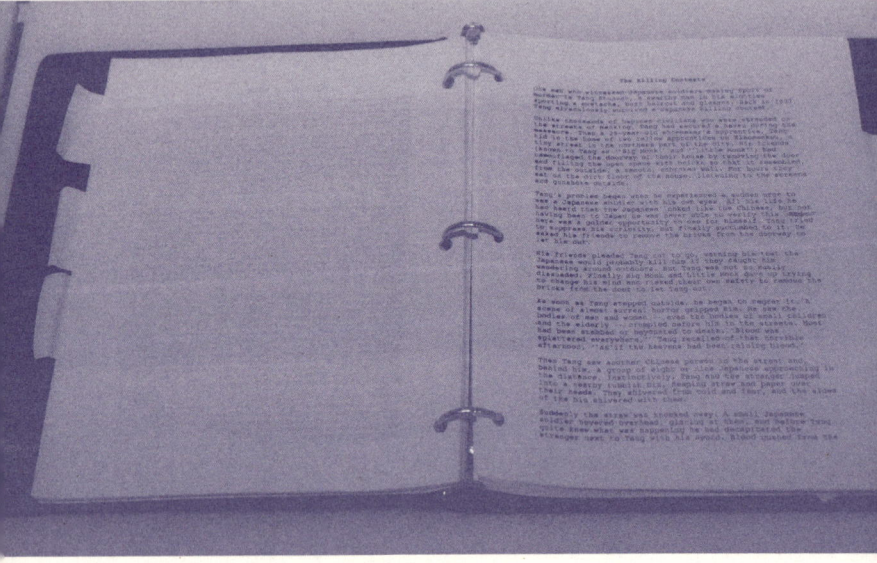

图3-18 张纯如《南京大屠杀》英文原稿

除此之外,第三方视角的《拉贝日记》《魏特琳日记》《侵华日军南京大屠杀外籍人士证言集》《南京大屠杀——英美人士的目击报道》《天理难容——美国传教士眼中的南京大屠杀(1937—1938)》以及战争加害者角度的《东史郎日记》等也相继在国内翻译出版。

《东史郎日记》是其中比较特殊的一本。作者东史郎是侵华战争中的一名日本步兵。他把自己战争期间的所见所闻记录下来,形成共5卷37万字的战时日记,刻画出一名战争加害者的内心世界。

日本战败后,东史郎受到了中国政府的宽大处理,被安全遣返并过上了正常人的生活。但是,每当想到自己对中国人所做出的暴行,他都内心悔恨不已。作为一名普通士兵,当时的他不能违抗军令,也无法改变历史。在1987年日本京都的和平展览会上,东史郎决定公开他的战时日记,其中包括记录了当年南京大屠杀场景的材料,表达他对侵华战争中日军残暴行径的深刻反省。同年12月,东史郎将日记节选后交青木书店公开出版,在日本国内外产生较大反响,同时也遭到日本右翼势力的猛烈攻击。1993年,日本右翼分子以"日记记述不实""毁损名誉"为由,将东史郎、青木书店和该书的编辑下里正树告上法庭。

即便困难重重,东史郎仍然没有放弃追寻他心中的正义。除了出版日记,东史郎还先后7次来到中国,以不同的方式谢罪、忏悔。东史郎曾在第四次来南京时,将他战时日记、勋章和军旗捐献给侵华日军南京大屠杀遇难同胞纪念馆,后委托纪念馆授权江苏教育出版社出版《东史郎日记》的中文版。作为战争的亲历者,东史郎相信,讲出加害的真相并以其作为反省的基础,这是加害者不可推卸的义务和责任。

在学术交流方面,随着南京大屠杀研究的不断深入,国内学术界举办了形式多样的主题研讨活动,同时也呈现出学术交流国际化、学术机构多方合作的趋势。如,1997年由侵华日军南京大屠杀史研究会等单位在南京主办的"南京大屠杀史"国际学术研讨会,仅有10余位日本、美国的学者与会;到2011年12月13日,侵华日军南京大屠杀遇难同胞纪念馆召开了"历史记忆中的1937"国际学术研讨会,已有来自中国、美国、葡萄牙、捷克、希腊、印度、尼泊尔、韩国等国的学者嘉宾及纪念馆的相关人员共 60 余人参会。会上，来自希腊世界和平理事会的代表说，希腊人民对中国军民英勇抵抗日本帝国主义侵略的行为表示敬佩。来自印度的代表则表示，对侵华日军 1937 年在南京制造的大屠杀暴行难以置信，它应该被全世界牢记。相比之下，南京大屠杀史研究在海外的学术活动比较少，在日本、美国等地曾召开过一些国际学术会议探讨南京大屠杀问题，但辐射面和影响力较为有限。

日本"南京大屠杀情报热线"

日本"铭心会"是一个追查南京大屠杀历史真相的日本市民团体，长年从事相关史实的调查研究。会长松冈环近 30 年来追访、追查数百名战争亲历者和受害者的经历，将他们的证言出版成书、制作成影片，把历史的真相呈现给世人。松冈环曾是一名小学教师。在授课过程中，她发现日本的教科书歪曲、淡化侵华历史。在松冈环看来，教育应该培养孩子的公正心，应该告诉孩子们历史的真相。从 1997 年开始，日本"铭心会"与"旅日华侨中日友好促进会"等团体，在日本东京、名古屋、大阪、广岛等 6 座城市开设"南京大屠杀情报热线"，向参加侵华战争的日本老兵征集加害者证言等资料。调查组成员还走访了 200 多位参加过南京大屠杀的日本老兵，并多次来南京收集受害者证言，拍摄记录了大量珍贵的影像资料。这些日本友好人士不畏艰辛，自发搜集战争史料，不仅仅是为了维护历史的真相，更因为他们懂得，不了解战争的惨痛，就无法意识到和平的珍贵。

巩固记忆的艺术创作

在通俗文学领域,小说家们以"家国叙事"的方式书写这一时期"国破家亡"的痛感,表达民族主义的呐喊和忧国忧民的哀思。抗战时期就有黄柳谷的《干妈》、阿垅的《南京血祭》、张恨水的《大江东去》、身居海外的林语堂写的《京华烟云》《风声鹤唳》等文学作品。张恨水于1939年创作的《大江东去》,正是以南京保卫战、南京大屠杀、南京陷落等史实为背景,描写了一位青年军人在战争中的民族大义与儿女情长。作者在字里行间控诉着战争给民众带来的巨大伤害,呈现了这段难以忘却的民族之殇。1949年新中国成立之后,唐人、李贵、李尔重、王火、葛亮、哈金等作家的作品都先后关涉到南京大屠杀这段历史记忆。

女性作家中颇具代表性的当数旅美作家严歌苓。她的中篇小说《金陵十三钗》中人物虽属虚构,但其历史背景却是真实的,主要讲述了在南京沦陷时,13个青楼女子舍身拯救女大学生的故事。情节中穿插了日军枪决中国士兵、江滩屠杀等过程。堆积的尸体,英勇的国军,残忍的敌人,献身的妓女,国际友人的援助,一个个典型的场景将历史鲜活地展现在读者眼前。反转的人物设定与细致的暴力描写激起读者的情感共鸣,使人警醒和触动,反思人性的善与恶。

近年来，相关题材也受到外国作家的关注。《雪中血：南京，1937》就是一本由英国人创作的以南京大屠杀历史为背景的虚构类小说。作者大卫·戴维斯的爷爷是一名二战老兵。大卫从小就听说过南京大屠杀的故事。2012 年，大卫参观侵华日军南京大屠杀遇难同胞纪念馆时，战争的惨烈和幸存者的证词深深地触动了他。随后，他开始搜集相关资料，深入了解那段历史。相对于英国人在二战中面对的欧洲敌人，中国发生的一切都太过"遥远"。大卫发现，西方社会对这段历史知之甚少，甚至有一些误解，于是，他决定写一部关于南京大屠杀的小说。他说："我用英文和中文出版这本小说的目的之一，就是希望将这段历史带到西方读者面前。我希望能多一个声音来讲述那段历史。虽然这一个声音不会改变所有的事情，但如果有更多的人读到这本书，这段历史将会逐渐被更多人铭记。"

电影媒体以更加直观迅速的方式传播着这份创伤记忆。1987 年，由福建电影制片厂与南京电影制片厂出品的《屠城血证》，是国内第一部南京大屠杀题材的影片。影片导演罗冠群 1958 年来到南京工作，但一直都不知道南京大屠杀这段历史。直到 20 世纪 80 年代初，他偶然在报纸上看到了日本"篡改历史教科书"事件后，才陆续了解到南京大屠杀的真相。后来罗冠群陪同父亲到建成不久的侵华日军南京大屠杀遇难同胞纪念馆参观，这也促使他下决心拍一部电影。电影的线索来自罗冠群在中国第二历史档案馆发现的 16 张真实照片。这些照片是日军在南京大屠杀期间拍摄的。当日本人在南京一家照相馆冲印这些照片时，照相馆的一名学徒罗瑾悄悄保留了这些证据。罗瑾的经历成为《屠城血证》的故事原型。该片在南京首映的一个月内就有 140 万人次观影，并且获得了 1991 年日本东京世界和平电影节故事片奖。此后上映的影片有《黑太阳：南京大屠杀》(1995年)、《南京1937》(1995 年)、《南京！南京！》(2009 年)，还有南京大屠杀的人物传记影片《拉贝日记》(2009年)，纪实纪录片《张纯如——南京大屠杀》(2008年)，等等。上文提到的小说《金陵十三钗》也在2011年由张艺谋导演搬上了大银幕，成为当年的热门华语电影。这些影片用镜头保存和传播历史记忆，直观展现了南京大屠杀的血腥罪证与其中的个体形象，让人在感知战争残忍的同时，也加深了对这段历史的恐惧，巩固了南京人民的受难者记忆。

2009年上映的《南京！南京！》以一名日本军人和一名普通中国士兵的视角，用简洁利落的黑白画面讲述了一个个小人物的战争遭遇。相比之下，这部影片没有去直接评判战争中的善恶是非，导演更加希望观众能够主动去思考战争中人与人、人与战争的关系。同年上映的另一部影片《拉贝日记》，是根据约翰·拉贝的真人事迹改编，由德国导演佛罗瑞·加仑伯格执导的一部中法德三国合拍片。该片讲述了以拉贝先生为首的一群外国友人在南京建立安全区并保护中国难民的故事，被称为中国版的《辛德勒名单》。

绘画艺术也是历史记忆的呈现形式。绘画作品在表现力和传播力上具有独特的优势。1991年，中国画家李自健完成了巨幅油画《南京大屠杀——屠·生·佛》。整幅油画宽3.2米、高2.1米，是他在参考了大量历史照片和文字资料，连续工作80多个日夜绘制而成的。画作先后完成三稿，分别陈列在侵华日军南京大屠杀遇难同胞纪念馆、中国国家博物馆中央大厅和长沙李自健美术馆。

整幅画作由"屠""生""佛"三联组成。画面主体是堆积如山的死难者尸体。左边是两个日本军官趾高气扬地站立着,正擦拭手中的刺刀,脚下是死难者的头颅,为"屠"。右边是一位僧人躬身不语,正在悲伤地处理一位老人的尸体,为"佛"。尸山顶部是一个坐在母亲身上仰头啼哭的婴儿,为"生",隐含着中华民族的悲怆,也象征着中华民族的未来和希望。整幅油画以冷灰色和暗红色营造凝重的悲伤氛围,以极强的视觉冲击力震撼人心。

这幅画作先后在美国、德国、法国、英国、荷兰、瑞典等30多个国家展出。日本作家池田大作先生曾向画家致信说:"凝睇《南京大屠杀》,一瞬间我的心停止了跳动,我的心哭泣了。而且我的心燃起了火焰……日本军残虐至极的野蛮行径,我们绝对不会忘记……一些不可一世的当权者否认、歪曲残暴的历史,恣意妄为,我们要坚决与之战斗下去。"在巡展时,这幅作品也曾在纽约、阿姆斯特丹等地遭到日本右翼势力的阻挠和反对,并因题材敏感而被取消了1999年在日本的巡展,但这并不妨碍作者守护他的创作初心,向世界发声,为和平呐喊。愿中华儿女勿忘国难,愿全人类共同展望未来、捍卫和平。

法国油画艺术家克里斯蒂安·帕赫曾创作了一幅大型油画,名为《暴行》。他本来对南京大屠杀一无所知,偶然之中,他了解到这段历史,感到震惊之余,激发了他的创作灵感。为此,他专门查阅相关史料,花费了近6个月的时间进行创作。画面中,身穿黄色军装的日本侵略者挥舞着军刀,受难者痛苦扭曲的形象和喷薄而出的鲜血控诉着这场战争的残酷。无辜死难者化作飞向天空的白鸽,象征着一种对和平的希冀。2015年,克里斯蒂安·帕赫将这幅画捐赠给侵华日军南京大屠杀遇难同胞纪念馆进行展览,他希望通过油画这种艺术形式,让更多人了解这段历史。

此外,南京还尝试以交响音乐会、诗朗诵、歌曲创作、舞蹈创作、无人机表演等其他艺术形式来铭记这段历史,传达和平的理念。"艺术,以和平之名。"艺术是和平建设中一种常用的手段。艺术,可以记录历史,表达观点和沟通情感。在某种程度上,艺术可以超越民族和语言的局限,让和平理念更加容易理解并深入人心。用不同的艺术形式表达对遇难者的哀悼,也表现出南京人民守望和平和向往美好的生活愿景。

2016年1月,联合国前秘书长潘基文在"国际大屠杀纪念日"致辞中提到,"通过缅怀受害者,致敬幸存者和那些帮助他们从暴力中解放出来的人,我们每年都会重申反对暴行、反对仇恨的决心"。历史记忆的建构也恰好反映出这一诉求。无论是纪念场馆、学术研究,还是文学、影视、绘画等各种艺术作品,都在尽力呈现历史真相,保存受难者的历史记忆。南京大屠杀被作为这场战争的象征,告诫人们要远离战争。这段历史不仅中国人不能忘记,全世界爱好和平的人们也都应引以为戒。

莫里斯·哈布瓦赫曾在《论集体记忆》中说,痛苦的印记会使记忆更为深刻。唯有记住苦难,才能不让悲剧重演。唯有牢记历史真相,才能守护正义。然而,重新审视这份特殊的历史遗产,人们逐渐发现,构建和平也是一种铭记。战争本是一种混合着耻辱、愤怒、痛苦的创伤记忆,但用和平的话语去传播记忆,也可以引起别人的理解和关注,进而构建人类共同的记忆。超越历史上的伤痛,让民族之间的裂痕和伤口尽快愈合,让仇恨不再延续,共同促进人类和平与发展的崇高事业,是未来亟待思考和解决的问题。

4

第四章

另一种选择：迈向和平

千禧年是新纪元的初始之年。2000年,联合国举行了千年首脑会议,会议上189个国家签署了《联合国千年宣言》,其中郑重承诺"我们将竭尽全力,使我们的人民免于战祸,不受国内战争和国家间战争之害……"。也正是这一年,"和平学"开始被引入中国。

　　历史不能随意更改和修饰。正义和真相是走向和解的前提,同时也为和平建设提供了种子。而这颗种子最终能否成长为和平的大树,取决于我们的选择和记忆。如果我们选择用痛苦和仇恨来记忆,由此滋生的暴力可能会破坏今日来之不易的和平,甚至可能将和平的大树连根拔起、彻底摧毁;如果我们选择和平的道路,正义和真相也许会获得更多的关注与认同,和平之树将会结出丰硕的果实。

　　南京是一座饱受战争创伤的城市。暴力所带来的伤痛记忆不会随着时间而被抹去。与此同时,伴随着全球化的步伐,和平与发展已成为当今的时代主题,这段创伤记忆也因此被赋予了更多的意义与使命。今日的南京和世界上其他爱好和平的城市一样,经历过那段为了正义与和平而抗争的艰难岁月,更加珍惜和平、渴望和平,并勇敢地将曾经的创伤转化为建设和平的力量。与此同时,和平学在中国从无到有,默默生根。南京发展成为中国和平学的中心。

中国和平学的启航

和平学,又称和平与冲突研究或和平研究,是二战后兴起的一门新学科,是一个跨学科的学术领域,致力于探究如何用和平方式实现和平,最终目标是实现一个更加公正与和平的世界。1959年,"和平学之父"、著名学者约翰·加尔通在挪威奥斯陆成立了国际和平研究所并担任所长。1964年,他创办了世界上第一本和平研究期刊——《和平研究杂志》,标志着和平学开始成为一门独立的系统理论学科。此后,国际和平学研究扩展到欧洲、美洲、亚洲及非洲的许多国家,逐渐形成了和平学的学术领域及学科体系。

2001年,南京大学历史系世界史学科与英国考文垂大学宽恕与和解研究中心(现为"信任、和平与社会关系中心")建立了正式合作关系。考文垂曾在二战中遭受纳粹德国空军的无差别轰炸,他选择以"和解与宽恕"的方式处理战争创伤,并在考文垂大学设立此和平研究中心,用以纪念考文垂在二战后自我重建的历程。南京和考文垂同为二战时期的"殉难城市",有着类似的创伤记忆。于是,两所大学共同设计了一个和平学的中英高校合作项目,南京大学每年派遣1—2名专业教师赴英国考文垂大学进修,系统学习和平学的主干课程。该项目同时得到了英国文化协会的资助。

这是中国学者第一次接触和平学。和平学在战争、暴力、社会不公、性别差异等问题上的观点立刻引发了他们的兴趣。比如谈到"和平",大多数人的第一反应是没有战争。而在和平学理论中,和平远非没有战争。和平分为"积极和平"与"消极和平"。消极和平关注如何阻止和避免战争爆发,比如消除核武器和大规模杀伤性武器、减少军队数量等。积极和平则意味着消除饥饿、暴力、践踏人权、难民问题、全球环境污染等对和平的威胁,它致力于创建一种理想的社会环境,人们可在其中富裕地生活和体面地生存。和平学还强调,要使用非暴力手段实现冲突化解。

中国是历史悠久的文明古国。中华传统文化中蕴含着丰富的和平理念,这也是千百年来中华文明的主流思想。新中国成立后,许多教育实践也在事实上起到了和平教育的作用。中国外交始终坚持的和平共处五项原则,以及当前中国的"一带一路"倡议和构建人类命运共同体的伟大实践,无不彰显出中国和平友好的姿态。在中国大力发展和平学,对中国和世界而言,都意义非凡。正是带着这样的思考和责任,南京大学的刘成教授从英国考文垂学成归来后,决心在中国高校率先推广和平学。南京,这座饱经风霜的伟大城市,以其深厚的和平底蕴和独到的和平眼光,成为中国和平学的启航之地。

和平学研究的引入

2003年,国内出版了第一本和平学专著——安德鲁·瑞格比的《暴力之后的正义与和解》。之后,"和平学之父"约翰·加尔通的《和平论》,以及国际上和平学领域最著名的教科书、由美国学者大卫·巴拉什与查尔斯·韦伯合著的《积极和平》也先后在国内翻译出版,为国内学术界了解和平学打开了一扇窗。

南京大学是公认的中国和平学的研究中心。迄今为止，南京大学组织出版的和平学专著和译著已达30余本，包括根据南京大学和平学课程讲稿整理而成的第一本和平学高校教材——《和平学》、第一套和平学译丛、第一套和平学中小学读本、第一套中国传统和平思想研究丛书。

2008年，"和平学译丛"（全8册）付梓，这套书涉及的主题非常丰富，选取了和平学的新范式、全球化、环境、人类、能源、粮食健康、水安全等热门话题，介绍了国际最新的和平学研究成果。次年，面向中小学生的和平学读本"和平成长丛书"出版。这套书共分三册，图文并茂，浅显易懂。其中的《爱与和平》一册突出爱的教育，告诫青少年，没有爱就没有和平，应当爱自己、爱他人、爱自然和社会。《认知与和平》则是要让学生真正认识和平，并结合青春期的身心特点，教会学生化解冲突的方法和技巧。而《责任与和平》拓展了有关和平的各种问题，阐述了构建和平与消除暴力的内容与方法，指出个人在实现和平理想中的责任。该丛书在2010年入选新闻出版总署向全国青少年推荐的"一百种优秀图书"。

2015年，由南京大学的刘成教授与德国费希塔大学的埃贡·施皮格尔教授合著的中英文双语版《全球化世界的和平建设——图解和平学》出版。全书采用图片对照中英文解说的形式，系统阐述了国际学界和平研究与冲突化解的基本概念与前沿问题。约翰·加尔通教授在序言中写道：这是一本非同寻常的全球和平学的著作，这本书的写作本身就是在全球化世界里建立和平，它使用了世界上两种主要语言，合作作者也跨越了中西差距。书中含有丰富的和平思想，给所有人以乐观主义。

2018年是《中日和平友好条约》缔结40周年。在第五个国家公祭日前夕,"不忘历史 共铸和平——2018年系列图书首发式"在侵华日军南京大屠杀遇难同胞纪念馆举行,共有5套12本图书面世。这批图书中不仅有关于南京大屠杀史的史料研究、最新的历史档案整理、第三方视角的战争记忆,同样也有展现中日民间交往历程的图书。如《和平之旅——东瀛友人口述史》选取了林伯耀、松冈环、秋本芳昭等10位嘉宾的口述内容整理出版,他们从不同的视角讲述各自与南京大屠杀史研究的渊源,展现了中日友好事业的发展与变化。另一本颇具特色的《探寻中日和解之旅》,由英国人巴兹尔·斯考特和日本人葛西实合著。两人的童年都在二战中的中国度过,他们亲身经历了那场战争带来的腥风血雨,都对中国怀有特殊而深厚的感情。巴兹尔因英国与日本处于敌对阵营而被关进了位于上海的集中营,成为战俘。葛西实因父母在中国经商,从小在上海长大,1946年被遣返回日本。几十年后,他们在印度不期而遇,特殊的情感推动他们毕生致力于中日关系的改善,于是他们决定共同写下这段珍贵的记忆。在图书发布会上,满头白发的作者巴兹尔·斯考特坦言:"和解对任何一个人、任何一个国家而言,都是困难重重,需要我们从内心做重大改变才能和解。"

与此同时,中国和平学研究也积极进行国际交流。早在2005年,南京大学世界史学科与英国考文垂大学宽恕与和解研究中心合作在南京举办了第一届中国和平学国际研讨会,这也是由中方主办的首场国际和平学会议,邀请到60多位国际和平学者出席会议。有了这一次的成功经验,南京大学又先后在北京、西安、哈尔滨、湘潭等地,与当地高校或非政府组织合作举办了四届和平学国际研讨会。这些会议邀请和平领域的国内外学者,共同研究历史与现实问题,对外展示中国和平学研究的最新成果,在相关领域发出更多中国声音。

图 4-1 部分和平学研究专著及译著

寻找中日"和解之匙"

和平学作为一项注重实践的跨学科研究,一直强调服务于社会的现实需要。中日关系因其重大的历史语境和现实意义,是中国对外关系中极其重要的一个方面,也是中国和平学研究关注的问题之一。南京的城市发展也绕不开中日两国的历史问题。和平学家约翰·保罗·莱德里奇认为:和平、真相、正义、宽恕是和解的核心要素。和解是上述四要素相结合的过程。而正义与宽恕是中日和解的两个基本要素,更是一个互动的过程。因此,和解事实上是一种相互依存的思想和力量,是一个进程,是指在各方共同努力下,人们创造性地实现了冲突的转换。

中日和平学者对话会机制形成于2015年,通过学术领域和民间层面的中日对话与交流,摸索解决冲突和修复彼此关系的路径。首次中日和平学者对话会在北京举办,主题为"中日关系的过去·现在·未来"。会上重申了和平与放弃战争的重要意义,会议全程由媒体网络直播,体现此次对话的公开度与开放性,也为之后中日学界的对话打下了良好基础。2017年,恰逢中日两国邦交正常化45周年,也是南京大屠杀惨案发生80周年,第二次中日和平学者对话会在南京举行,这次对话会的主题是"东亚和平的新愿景"。[图4-2]中日两国近50位和平学专家在会上就两国和平合作的可能性进行深入探讨。会上,中日学者联名发表《南京共识》,表示要正视历史,记取战争的惨痛教训,竭尽全力防止战争悲剧重演。要坦诚相待,加深民间对话与交流,巩固中日两国人民互信友好的根基。要着眼未来,加强对青年人的培养,撒播中日两国世代友好的种子。要维护和平,树立人类命运共同体意识,为东亚与世界和平做贡献。

图 4-2 第二次中日和平学者对话会

时隔两年,第三次中日和平学者对话会暨"展望东亚新时代:中日和平学的可能性"于 2019 年在日本大阪举行。与以往单一的学术对话不同,本次对话会形式更加丰富,包括基调讲演、主题报告、圆桌工作坊、实地参访等,中日两国代表围绕日本历史问题、东亚现状与朝鲜半岛问题、和平学学科发展三个主题展开全方位交流,并就中日两国未来的学术交流与合作交换意见。

中日和平学者对话会第一次由民间主办,第二次变为由民间和政府共同合作,并由颇具代表性的侵华日军南京大屠杀遇难同胞纪念馆召集,表明了中方对待历史的鲜明立场以及对和平事业的支持。第三次则发展为由中日双方与南京大学联合国教科文组织和平学教席等五家单位联合召集。日方从参与者向合办方的转变,既表现出日方学者参与对话的热情,也体现出南京的城市影响力日益增强。

中日关系的根本改善必将是一个长期的互动过程。在和平学的理论中，一旦某个形象在某个群体中形成，他们往往就成为固定的存在。敌人形象包含了一种令人极其厌恶、愤怒的情感因素。当我们再次面对面时，很容易会成为自己观点或偏见的俘虏，拒绝接受对方的变化和信息，导致我们更加关注引发冲突的因素，而不是去探索替代性的解决方案。这样，和解道路将变得遥遥无期。

和平建设的一个任务就是促进双方的了解与信任，其中民间力量和社会舆论至关重要。中日和平学者对话会希望通过这样的形式，不断吸引更多的学者、政府人士以及社会民众加入进来，为中日交往搭建起沟通的桥梁，共同寻找打开和解之门的钥匙，为两国关系建设一个积极的未来。

联合国和平学教席

进入 2017 年，中国和平学发展迎来了一个关键节点，即"联合国教科文组织和平学教席"（简称"和平学教席"）顺利落户南京大学。刘成教授为教席持有人，这也是中国唯一的和平学教席。

United Nations Educational, Scientific and Cultural Organization · UNESCO Chair on Peace Studies Nanjing University People's Republic of China

图 4-3 联合国教科文组织和平学教席 LOGO

联合国教科文组织宪章中规定，其目标之一是通过教育、科学和文化推进国际智力合作，促进世界和平。联合国教科文组织教席于1992年正式发起，是联合国教科文组织为推动大学与其他高等教育机构间进行经验与知识交流、促进能力建设的主要途径。根据联合国教科文组织第26次大会决议，联合国教科文组织教席计划是教科文组织在高等教育领域最重要的活动，其所涵盖的领域涉及联合国教科文组织工作的各个方面：教育、人权、文化发展、环境、基础工程科学、通信等。计划参与者主要包括高校、非政府组织、基金会和公司等。

最新数据显示，联合国教科文组织已在100多个成员国设立了800多个教席。和平学教席的目标是建立一个集和平学研究、培训、信息交流和文献编集于一体的综合体系，强化研究、培训、政策制定以及社会发展之间的联系，服务于《2030年可持续发展议程》。

和平学教席在中国的设立意味着中国的和平建设已经得到联合国教科文组织的认可和肯定。在拥有和平学教席之后，可以在资源、人才和平台等方面与联合国教科文组织更紧密地合作。如，可邀请联合国专门机构和教科文组织的代表参加相关活动；在外宣工作中使用联合国教科文组织为和平学教席制作的官方LOGO等。依托和平学教席，深化与联合国各级组织之间的合作，扩大南京和平活动的辐射面和影响力。

图 4-4　和平学教席微信公众号二维码

2014年,中国第一个和平学网站(http://unesco-peace.nju.edu.cn)建立,之后又开设了国内第一个和平学教席微信公众号[图4-4],主要用于及时发布国内外和平学重要新闻与活动,传播与分享和平文化的知识,发布和平学课程培训信息,搭建国内外爱好和平人士合作沟通的专业平台。

和平学教席的设立为中国和平教育提供了新动力,也带来了新使命。开展形式多样的和平教育活动,探索和平课程覆盖整个基础教育阶段,让学生个体知识、情感与能力获得同步提升,致力于和平文化的培养和普及,这是和平建设的必经之路,南京已经做好了准备。

二

和平教育的初体验

和平教育一直是联合国教科文组织的核心使命,和平的价值观必须通过教育系统才能得到有效的传播。联合国教科文组织强调,通过教育促进各国之间的合作,以实现世界和平。1999年,联合国大会通过的《和平文化宣言和行动纲领》指出,教育是建设和平文化的关键因素之一。和平文化的具体行动包括通过教育、对话和合作的方式结束暴力;尊重所有人权;促进经济发展,提升民生福祉;尊重核心价值观,如性别权利和机会平等;尊重多样性。和平文化通过价值观、态度、情绪和技能方面的教育手段,强调结束结构性暴力和创造和平文化的全球基调。

和平学走进高校

2004年起,南京大学面向本科生和研究生开设了三门和平课程,并开始招收和平学方向的硕士生和博士生。其中的"积极和平与冲突转换"和"和平学的理论与实践研究"两门课程,紧密围绕和平文化,讲授内容包括:和平研究概论、中国和平学发展、新时代的和平建设、气候变化、人权、性别平等、结构性暴力和文化暴力、谈判原则、冲突转化等问题。

这些课程每年都会吸引近 200 名学生参与，迄今已有 3000 多名不同院系的学生对和平学有了基本认知。通过课程学习，许多学生改变了原本对和平与暴力的看法，开始关注非暴力以及和平的多重内涵，并主动将和平学理念运用到自己的学习和生活实践中。

南京大学作为中国知名的高等学府与中国和平学研究的中心，近年来已邀请多位国际和平学专家进行学术交流，与师生们分享和平学最新的研究成果与理论知识。当然，和平学的工作不是一个人，也不是一所大学就能做到的。为了更好地推广和平教育，越来越多的国内高校开始加入和平学的"朋友圈"，比如南京师范大学、南京审计大学、湖南怀化学院等。与此同时，这些高校也逐步与多所国外院校建立了合作关系。

此外，非政府组织也是和平学发展的中坚力量。这些组织汇集和平学领域的专业人士和志愿者，定期组织开展和平学的相关活动，推动了和平教育的宣传普及，促进了和平行动的公众参与。借助这些机构的人脉和专业知识，通过国际会议、国际交流、合办暑期班与和平活动等形式，中国和平学得到了长足发展。特别是在中国和平学的起步阶段，有一大批国际和平学同行和国内爱好和平的"小伙伴"，他们长期为中国的和平学工作提供帮助，而且很多都不计回报。比如，亚洲基督教高等教育联合董事会连续五年资助中国的和平事业。最近几年，国内其他领域也开始关注和平学，一些企事业单位逐渐接纳和平学，一些政府机构也给予和平学的发展以支持。2019 年，南京市政府与南京大学签订了合作协议，大力支持南京的和平学发展。南京大学还得到了政府机构的资金支持，用以帮助建立和平学国际联合研究中心。政府的重视和推动是中国和平学的一个优势特色，也为中国和平学未来的发展奠定了坚实基础。

抚育和平的幼苗

2015年,联合国安理会通过了关于青年、和平与安全的第2250号决议。该决议具有里程碑的意义,首次承认"青年可在预防和解决冲突中发挥重要作用,是维护和平与建设和平工作有持久性和包容性以及取得成功的关键一环"。青年,不仅仅只是暴力的受害者或者肇事者,而是和平的缔造者,是应对极端暴力的合作伙伴;在未来的和平谈判和建设和平的过程中,青年必须被包括进来。和平必须通过青年,与青年合作,并且为了青年而实现。

青少年代表着一个国家的未来。中小学教育是整个国民教育的重要根基。因此,南京一直尝试将和平教育纳入中小学教育中。早在2007年,南京琅琊路小学、力学小学、南京师范大学附属小学等10所学校就被列为"南京和平教育学校"。这些学校结合青少年的成长特点,统合校内外教育资源,对和平教育进行了初步尝试。2014年,侵华日军南京大屠杀遇难同胞纪念馆效仿波兰奥斯维辛集中营国家博物馆、以色列大屠杀纪念馆、广岛国际和平学院的做法,专门设立了非营利性公益学校——南京国际和平学校,利用纪念馆的资源优势,为小学生的和平教育提供引导。

图4-5 南京市宁海中学"国际理解与和平教育"活动海报

2021年春,国内首个和平教育课程"国际理解与和平教育"落地南京市宁海中学,这是国内首个加入情境式体验的高中和平教育实验课程。该课程内容涵盖了和平学概论、多元文化教育、冲突化解教育、可持续发展教育等。在高中生即将成人之际,让他们接受和平教育,打开国际视野,塑造正确的价值观和人生观,学会包容,学会冲突化解,学会承担起社会的责任,这对他们未来的学习、工作、生活和成长,都很重要。几乎同时,"和平成长"课程也在南京市第二十九中学初中部顺利开班,从而标志着和平教育正式进入了南京的初中课堂。这门课通过寓教于乐的体验式教学模式,让学生了解和平学的核心概念,掌握人际关系冲突化解的基本技能,促进个人的"和平成长"。

沉浸式的课堂教学，给中学生们紧张的学习生活带来了不一样的体验。不同于传统的课堂授课，这门"和平成长"课程还增加了很多情景模拟和户外考察内容，让学生不由感叹"历史还能这样学"。比如，在"和平成长——共情"这堂课中，老师带领学生走出课堂，实地考察"南京安全区"。在《治愈世界》的歌声中，学生学习和感受到当年这些国际友好人士帮助中国难民的感人故事。这种共情，就是感知或想象他人的情感，并体验到他人感受的心理过程。在和平学的理论中，共情让我们能够站在他人立场去思考。有了共情的能力，我们就更能理解那些国际友人的高尚之处。几堂课后，学生们反响热烈。有学生说，我从不知道和平也是一门学问，原来要想得到和平，人们要付出不亚于战争等暴力方法所需的智力、精力与毅力。也有学生把"和平"视作一份甜蜜的责任。她说，其实我们一直在奔赴和平的路上，因为和平闪耀在每个人的思想中，而从暴力走向和平，是进化，是精神世界的实践，虽然我们不能改变过去，却可在未来尽数从容不迫。

2022年6月，南京丰尚幼儿园的小朋友们也进行了一场和平教育活动。在"积极和平"的小故事中，孩子们了解到自己是一颗"和平的小苗"。和平的幼苗有一天会长成和平的大树，这些大树就是和平的希望。南京丰尚幼儿园的老师正在进行"和平养成，向阳生长"的幼儿和平课程研究，让和平教育进入幼儿早教，让孩子们从小就知道用积极和平的方式去生活学习，让家长们学习用积极和平的方式与孩子沟通，帮助孩子成长。江苏省军区第一幼儿园、南京金陵汇文学校小学部、南京外国语学校等，也先后加入和平学教席"和平教育基地学校"。

和平学是一门面向未来的学科。世界的未来是孩子们的，和平的世界要靠今天的年轻一代去建设。当受过和平教育的年轻人走向不同的工作岗位时，许多长期存在的冲突问题会逐步改变，世界也会因此而改变。青少年是未来和平建设的关键力量，在青少年心中种下理解、尊重与和平的种子，将会是培养未来公民的基本需求。用和平教育滋养和平文化，用和平教育构建和平精神，中国和平教育发展的前景广阔。

图 4-6 "和平教育基地学校"牌匾

多样化的和平教育

和平教育，是指关于和平知识的传授，包括什么是和平，为什么和平未能实现以及如何实现。学校更常采用的是冲突化解教育，告诉人们暴力和冲突的危害，并教会人们如何化解冲突。但随着社会的发展与变化，和平教育的外延也在不断扩大，出现了很多不同类型的和平教育，如世界秩序研究、人权教育、非暴力研究、环境保护研究、暴力预防教育，等等。也有国家和地区根据自身需求而设置独特的和平课程，如日本的"反核教育"、爱尔兰的"相互理解教育"。尽管和平教育的目标或许是相似的，但和平教育者在不同的社会背景下应对不同形式暴力的努力，使得和平教育呈现出多样的形态。

和平活动国际化

和平学暑期班是和平活动的重要组成部分,也是中国和平活动的一大特色。截至 2021 年,南京大学先后参与举办了 7 次和平暑期班活动,与高等院校或和平研究机构合作,以不同的主题面向大学生群体宣讲和平学的理论与和平理念,传播和平文化。如东北亚区域和平教育机构(NARPI)是一个知名的和平学非政府组织。南京大学与 NARPI 曾于 2014 年合办和平学暑期训练营,吸引了来自中国、美国、日本、韩国、蒙古、菲律宾等国家和地区的高校学者、在校学生、非政府组织成员和社会人士的积极参与。训练营为期两周,分为教学活动和田野调查两大单元。每一位学员都可通过形式多样的和平学专题课程和本土化的实地考察活动,在了解和平学的同时感受文化的多样性。这是南京大学第一次与国际非政府组织合作开办和平暑期班,也为后来的国际和平暑期班的举办开辟了道路。时隔 5 年,依托和平学教席,南京大学又与 NARPI 举办了九校联盟(C9)和平学国际暑期学校,主题为"人类命运共同体视野下的国际和平教育"。C9 是中国首个顶尖大学间的高校联盟,拥有中国高校中最优秀的一批学子。暑期学校从冲突调解、创伤治疗、反种族主义、和平的艺术性表达等方面给 100 多名学员提供了内容丰富、形式多样的学习体验,共同探讨多元化的和平议题。

2017 年夏,南京大学首次与荷兰战争、大屠杀和种族灭绝研究院(NIOD)等机构联合举办"回顾大规模暴力和探索亚洲与欧洲的和解道路"暑期班。暑期班邀请到来自国内外知名院校的 30 多位老师与青年学员,并且实地考察了侵华日军南京大屠杀遇难同胞纪念馆、南京利济巷慰安所旧址陈列馆等南京的历史纪念场馆,探讨和交流了国际和平纪念场馆建设的历史经验与发展方向。

2019年春,日本名古屋学院大学国际文化学部教授佐伯奈津子受和平学教席邀请,带领11名学生来宁交流。在与南京大学历史学院学生对话的过程中,佐伯教授表示,之所以把这些大四学生的毕业旅行地点选在南京,就是希望今后能够有更多的日本大学生愿意参观战争历史遗迹,反思战争带来的创伤,珍惜和平的来之不易。她同时希望中日未来能够开展更多形式的有关青少年交流的活动,增进两国青少年相互理解,以青少年带动中日和解。

2020年,一场前所未有的新冠肺炎疫情席卷全球。同年7月,南京大学人文社会科学高级研究院(IAS)与英国考文垂大学信任、和平与社会关系中心(CTPSR)克服重重困难,举办了一场特殊的线上和平学暑期班。在为期5天的学习交流中,来自南京大学各个学院的30多名学生,参与了由英国考文垂大学老师讲授的和平学线上课程。2021年,由和平学教席牵头,南京大学与NAPRI再次联手举办C9和平学暑期班。有了上一次的成功经验,本次报名的同学更加踊跃,最终共筛选出61位本科生参加学习。本次暑期班通过"冲突与和平构建""针对历史创伤的恢复性正义""以共同体为基础的冲突转化""艺术、教育与展览的和平作用"等主题,在交流和共享中学习实现安全、平等的能力。类似的活动将在南京这座城市中一直延续,旨在让更多的年轻人了解和平、认识和平,加入和平行动。

2021 Summer Class of Peace Studies NJU for C9

Topics and Schedule:

July 12: Conflict and Peace Framework
July 13: Restorative Justice for Historical Harms
July 14: Community-Based Conflict Transformation
July 15: The Roles of the Arts, Education and Exhibition

Participants (Undergraduate):

9 students from Tsinghua University
9 students from Peking University
9 students from Xi'an Jiaotong University
9 students from University Of Science And Technology Of China
9 students from Fudan University
8 students from Nanjing University
4 students from Zhejiang University
3 students from Harbin Institute of Technology
2 students from Shanghai Jiao Tong University

2021年南京大学C9和平学暑期班

课程安排:

7月12日: 冲突与和平构建
7月13日: 针对历史创伤的恢复性正义
7月14日: 以共同体为基础的冲突转化
7月15日: 艺术、教育与展览的和平作用

本科生学员:

清华大学9名学生
北京大学9名学生
西安交通大学9名学生
中国科学技术大学9名学生
复旦大学9名学生
南京大学8名学生
浙江大学4名学生
哈尔滨工业大学3名学生
上海交通大学2名学生

图 4-7 2021年南京大学C9和平学暑期班课程表

三

纪念场馆的和平转向

侵华日军南京大屠杀遇难同胞纪念馆(以下简称"纪念馆")是南京大屠杀死难者的首要纪念空间,也是呈现与塑造当代中国国家记忆的重要场所。自2017年起,纪念馆就致力于与智库合作,在展陈的内容、方式和语言表达上进行改造提升,传承历史记忆与传播和平理念。曾经的这里是令人不忍直视、勿忘国耻的殉难之地;今日的这里也是一艘和平之舟,承载着和平的思想扬帆起航,驶向世界。

指向和平的展览

在纪念馆和平公园的绿地上,伫立着一座显眼的"和平女神"雕塑。[图4-8] 人物雕像高12米,为汉白玉制作,主体由母亲、孩子及和平鸽组成;年轻的母亲怀抱幸福的婴儿,手托展翅欲飞的和平鸽;寓意中国人民谴责战争、追求和平与发展、期盼人类美好未来的心愿。雕塑整体高30米;正面有9级台阶,象征世界永久和平的美好心愿。整个和平公园以绿色为基调,象征着生机勃勃的希望,让参观者从战争记忆重回宁静。它的设计与意涵也集中体现着纪念馆的和平转向。

图 4-8 "和平女神"雕塑

2017年,纪念馆推出"人类浩劫·世界记忆"史实新展。新展在设计中增添了更多的微观元素和第三方史料,展陈布局更多关注有关战争和个人的思考,而非给出统一的历史答案。步入新的展厅,迎面而来的不再是虚拟的战斗场景和隆隆炮声,而是安静陈列的一万多盒南京大屠杀受

难者的个人档案。"此时无声胜有声",立刻渲染出肃穆悲伤的参观氛围。逐级而下进入展览序厅。在点点星灯的映射下,首先映入眼帘的便是刻有遇难者人数的石碑,上方悬挂着带有弹痕的南京城砖。两侧是由1213张照片组成的幸存者照片墙,其中1000多张已经离世的幸存者黑白照片对称排列;与之相对应的是仍然在世的几十位幸存者彩照悬挂在后墙。每一位幸存者离世,其照片后的灯箱就会熄灭。

和平博物馆与战争纪念馆有何不同?

战争纪念馆里只有对战争历史的描述,悼念战争死难者,甚至可能会有对战争与暴力的赞美;和平博物馆则是以和平教育为主要目的,揭露战争的残酷真相,展现人们热爱和平、守护和平的积极行动,宣传和平文化,鼓励人们积极参与和平活动。例如,反战纪念馆、抵抗纪念馆、和平艺术博物馆,都可以被称为和平博物馆。此外,和平博物馆所关注的主题或问题也不局限于战争,还有其他形式的暴力、犯罪、冲突、歧视、贫困、隔离、恐怖主义、环境破坏,等等,以及解决这些问题和化解冲突的方式等。目前,世界上有100多座和平博物馆,如英国的赫伯特艺术画廊与博物馆、夏威夷亚利桑那珍珠港事件纪念馆等。和平纪念馆更容易抓住人们的想象力,激发同理心,成为一种"无墙的纪念馆",让和平文化超越纪念馆的围墙,并为改变创造可能性。

图 4-9 南京大屠杀史实展序厅

新展对史料的呈现进行了更为人性化的处理,同时加强了史料的多元性。如对灾难原址万人坑进行了隔离墙的增高和不透明处理,以避免儿童直视到恐怖的受难者尸体残骸。同时充分利用多媒体技术对展陈史料进行编排和设计,如战前中日国力和兵力的数据对比图、幸存者夏淑琴老人的交互式证言、有弹痕的南京城砖、取自丛葬地的泥土等,用沉浸式、互动的方式让参观者感知这段历史,缓和暴力血腥可能带给参观者的恐惧和压抑。新展还设"第三方证人证言"专区〔图 4-10〕,以当年身处南京的外国新闻记者的新闻报道、文件、图片、日记、书信等为策展内容,从第三方视角还原这段历史。

图 4-10 "第三方证人证言"专区

展览参观结束后,一些参观者在纪念馆的留言簿上留言。其中出现频率最高的词语就是"历史""勿忘""和平"。一名小学生写道:"勿忘国耻,热爱和平,少年强,则国强。"一名来自美国的参观者写道:"可以原谅,但不可以忘却!"一些小朋友还不会书写完整汉字,就用拼音来表达他们对和平的理解和渴望。也有一些人用素描、涂鸦等方式在留言簿上留下自己的即兴创作。人们用最朴实简单的方式表达对死难者的缅怀与对和平的向往。

纪念馆也在不断地探索新的记忆形式。2017 年 12 月 14 日,首届"南京国际和平海报双年展"[图 4-11]正式对公众开放,这是纪念馆展览的又一新形式。在纪念馆的临时展厅内,围绕"不忘"与"未来"两个关键词,200余幅和平主题的海报作品,用视觉艺术跨越国家、民族、语言和文化的界限,用多元的图文和语义唤醒历史记忆。征集作品分别来自中国、美国、德国、法国、俄罗斯、波兰等近30个国家和地区,艺术家们用自己的创作表达着人类对于和平的理解和共识。2021年,这项公益活动仍在继续。这次的主题为"共同体"。共同体,包含人、物、自然多重关系。和平,是连接世间万物最重要的介质之一。本次活动征集到了来自海内外设计师、艺术家、专业师生的7000多件海报作品,将符号、文化、图像融入创作力表达共同的和平愿景,传递人与人关于和平的共鸣。

海外办展也是近年来纪念馆发展的一个突破。2016年,纪念馆首次走出"国门",前往法国冈城举办"共同见证:1937南京大屠杀"史实展。

图4-11 首届"南京国际和平海报双年展"

展览基于当年留守南京救援难民的拉贝、马吉、威尔逊、魏特琳、辛德贝格等西方人士留下的影像、照片、日记和书信等第一手史料，注重从第三方视角讲述南京大屠杀的历史。之所以选择冈城，是因为这座城市曾是诺曼底战役的主战场，也在二战中遭受了战争创伤。两座城市虽然相隔万里，但战争的相似记忆让人感同身受，并怀有对和平的共同心愿。展览结束后，纪念馆还与冈城和平纪念馆在互换展览、人才合作、文化交流等方面达成了进一步的合作。此后，纪念馆还先后到旧金山、名古屋、佛罗伦萨、莫斯科等 30 多个国际城市举办展览，同时在馆内也组织了多次中英文的双语展览，以加强国际交流和理解，构建共同的人类记忆。

做和平的种子

"做一颗和平的种子，把和平带到全世界去"，是近年来纪念馆志愿者活动中最常出现的一句话。1939 年，日本反战人士山口诚太郎，把紫金山下的二月兰带回日本，取名"紫金草"，成为第一个把中日和平的种子撒向人间的紫金草使者。战后几十年来，山口诚太郎和他的家人致力于普种此花、宣扬和平，将紫金草的草籽赠送给日本各地的学校、公园、社区，终于使这种紫色的小花开遍了日本列岛。

紫金草虽然渺小普通，但所蕴含的精神非常高贵。如今，"紫金草"已成为中日友好的象征。2009 年 4 月，由日本友好人士捐资、我国著名雕塑家吴显林创作完成的"紫金花女孩"和平铜像在纪念馆和平公园内落成。该铜像高 1.17 米，表现的是战争时期一个七八岁的南京小女孩，站立在一块周围开满紫金草的山石上，睁大双眼看着那个战乱的世界。倡导者山口裕先生说，1966 年他的父亲山口诚太郎去世前留下遗言，要他把推广紫金草与传播和平的事业继续下去。多年来，他一直在进行这项工作。

图 4-12　象征和平的紫金草

在"紫金草故事"的感召之下,日本和平人士大门高子不仅将其改编成合唱组曲《紫金草的故事》,还成立了紫金草合唱团,吸引了一千多名爱好和平的人士参与,并经常在日本东京、京都等地演出。2001年,紫金草合唱团首次来南京演出,至今已在中国的北京、上海、哈尔滨、泰州、台北等地累计演出上千次。从2014年开始,紫金草合唱团每年都会派团员来南京参加公祭日活动。大门高子说:"历史是不能遗忘的,我们歌唱紫金草,就是要让更多的人记住历史,正确地认识历史,同时表达对和平的祈愿。"南京作家陈正荣对二月兰的故事跟踪了二十多年,多次远赴日本采访山口诚太郎的后人以及紫金草合唱团成员,最终写成长篇小说《紫金草》与长篇纪实文学《紫金山下二月兰》。

与此同时,纪念馆以紫金草为和平符号,打造了一系列活动:出版紫金草系列丛书、成立紫金草学雷锋志愿服务队、创办紫金草国际和平学校、开设紫金草和平讲堂、开发紫金草系列文创产品、向在战争中救助南京人的国际友人颁发紫金草国际和平纪念章等。

紫金草学雷锋志愿服务队成立于1994年。目前,登记在册的志愿者已超过两万名,累计服务时间逾百万小时。每位志愿者都是播撒和平种子的"紫金草园丁"。这些志愿者中,有南京大屠杀幸存者及其后代,有利用课余时间参加活动的大学生,还有来自美国、法国、韩国、日本等国家的外国志愿者。相同的和平与友善的信念将他们集合在了一起。在纪念馆里,志愿者为来自世界各地的参观者服务,并在史料搜集、史学研究、讲解服务、关爱幸存者、文艺演出、推广宣传工作中发挥作用;在纪念馆外,志愿者们走进社区、学校、养老院等,通过公益活动回馈社会。"微光成炬,大爱前行",志愿者们用自己的实际行动传递着和平之声,呼吁更多人加入到维护和平的事业中去。

为向青少年普及历史知识,纪念馆设立了南京紫金草国际和平学校。这所公益学校通过举办专家讲座、邀请幸存者现场讲述证言、开设专题训练营和研究性学习班等形式,让学生们深入了解和思考那段历史。每年,国际和平学校都会举办数十场教学活动,吸引了各国青少年参与学习。与此同时,紫金草和平讲堂也邀请相关专家学者与大家面对面,讲述历史,传播和平。所有市民均可在线报名,到场免费聆听。

借助紫金草的花语和形象,人们来到纪念馆参观,戴上一枚紫金草徽章,带回一个紫金草书签……用一种朴实的方式,吸引更多人加入"铭记历史、珍爱和平"的行动,让这朵和平之花融入日常生活,让和平在每个人的心中生根发芽。

纪念馆是国家意志和民族记忆的集中呈现。侵华日军南京大屠杀遇难同胞纪念馆作为南京大屠杀历史中的一个"记忆之场",是人们了解和记忆这段历史的重要切入点。纪念馆的和平转型,反映出人们对这段历史的理解和记忆的变化过程:正逐渐由对宏观史实的论证,拓展到对个体命运的关注;由对历史真相的挖掘,深化到对和平建设的探讨;由中国历史上的战争记忆,发展到对人类命运共同体的关注。已故南京大屠杀幸存者李秀英留下遗言:"记住历史,不要记住仇恨。"全世界都应该了解和牢记这段历史的真相。而创建和平,正是对这场战争最好的修复与纪念。

第五章

传承与未来：建设和平

中国自古以来便有追求和平与和谐的文化基因。两千多年前，中国人就提出了"和实生物"的观点。无论是儒家倡导的"和为贵""和而不同"，还是道家主张的"不以兵强天下"，或是墨家强调的"兼爱""非攻"，都包含着丰富的和平内涵。和平思想早已深植于中华文化中，成为塑造中华民族和平性格的重要精神元素。战争虽然给南京留下了难以磨灭的创伤记忆，却也让这座城市与和平联系得更加紧密。经过社会各界不懈的努力，从深厚的历史中挖掘这座城市的和平元素，和平成为南京的内在气质与不懈追求。

Official Recognition that citizens of the following have self-defined their community as an International City of Peace:

Nanjing, China

A City of Peace, as officially defined by International Cities of Peace, is a community that endeavors toward progress against violence and in fostering a culture of peace.

As a guideline, United Nations Resolution A/RES/52/13 defines a Culture of Peace as a set of values, attitudes, modes of behavior and ways of life that reject violence and prevent conflicts by tackling their root causes to solve problems through dialogue and negotiation among individuals, groups, and nations.

- Foster a culture of peace through education
- Promote sustainable economic and social development
- Promote respect for all human rights
- Ensure equality between women and men
- Foster democratic participation
- Advance understanding, tolerance and solidarity
- Support participatory communication and the free flow of information and knowledge
- Promote international peace and security

Member of Advisory Council and main contact for the Initiative:

Mr. Liu Cheng
Zhang Jianjun

Executive Director   **Date:** Sept. 7, 2017

图 5-1　国际和平城市证书

2017年9月4日,南京通过国际和平城市协会认证,成为第169座国际和平城市,也是中国第一座国际和平城市。[图5-1]南京成为"国际和平城市"后,能够让世人更多地了解中华民族热爱、追求和平的悠久传统。我们从历史中汲取传承和平的力量,用和平的口吻去叙述,用和平的方式去传播,让更多人牢记这段惨痛的历史,这就是南京选择建设和平的理由。

国际和平城市协会

国际和平城市协会主要负责国际和平城市的认证和评选工作,也是唯一得到联合国官方认可的和平城市协会。截至2022年8月,全球共有300多座国际和平城市,主要分布在南美、北美、东南亚、非洲和欧洲。世界上的许多著名城市,如英国的考文垂、美国的费城、荷兰的海牙、德国的柏林、阿联酋的迪拜等都是"国际和平城市"。在南京的带动下,山东潍坊和湖南芷江也于2021年相继成为"国际和平城市"。

一

热爱和平的民族

中华民族是一个热爱和平的民族。中国的和平文化源远流长。中国自古就提出了"国虽大，好战必亡"的箴言。儒、道、释三大家中蕴含着丰富的和平思想。儒家主张"仁爱"思想。"仁"即爱。从"仁"出发，由"爱亲"而推及"爱人"，由"爱人"而"泛爱众"，达到人与人之间的相互理解、尊重、宽容和友爱。道家讲求"和谐"。《老子》有云："人法地，地法天，天法道，道法自然。"老子强调"无为而治"，其实质就是反对战争，因为战争是对自然秩序和社会秩序的破坏，应该让人民"甘其食，美其服，安其居，乐其俗……"。佛教向来以慈悲为怀，怜悯众生，反对暴力和社会动乱，提倡宽容、谦让、谅解、平和的精神，追求人与人之间的友爱，民族与民族之间的友好，国家与国家之间的互惠，从而赢得世界和平。

中国数千年来一直奉行和平稳定的发展方针，这种和平的态度贯穿了中国的发展历程。习近平总书记在纪念中国人民抗日战争暨世界反法西斯战争胜利75周年座谈会上说道："近代以后，中国人民遭受列强的侵略、凌辱、掠夺达百年以上，但中国人民不是从中学到弱肉强食的强盗逻辑，而是更加坚定了维护和平的决心。""前事不忘，后事之师。我们纪念中国人民抗日战争和世界反法西斯战争的胜利，谴责侵略者的残暴，强调牢记历史经验和教训，不是要延续仇恨，而是要唤起善良的人们对和平的向往和坚守，是要以史为鉴、面向未来，共同珍爱和平、维护和平，让中日两国人民世世代代友好下去,让世界各国人民永享和平安宁。"

历史证明,爱好和平的国家最终才能够得到和平,相比于其他的古老文明,中华文明最终能够延续到今天不是没有理由的,因为我们相信,比起野蛮的暴力征服,和平才是最强的力量。新中国成立不久,中国政府就提出和平共处五项原则。作为最大的发展中国家,中国坚持与邻为善、以邻为伴的周边外交方针,不断巩固同周边国家的睦邻友好合作关系,打造互利共赢的利益共同体。中国积极开展多边外交、开展国际合作。中国参与了几乎所有重要的国际组织,并在军备控制、贸易投资、公共卫生、全球教育、反恐等多边国际机制中扮演重要角色。近年来,习近平总书记提出"构建人类命运共同体",共建"一带一路",加强文明对话,倡导"和平合作、开放包容、互学互鉴、互利共赢"的丝路精神,这些重要论述凝结着中华民族在长期文明交往中的智慧结晶,为推动人类文明进步和世界和平发展指明了方向。

南京,作为多元文化交流的重要场所,也拥有非常丰富的文化遗产。1800多年前,佛教传入南京。南京大报恩寺遗址,是中国历史上最为悠久、保存最为完好的佛教寺庙;始建于西晋的皇家寺庙——古鸡鸣寺,终年香火不断,自古便有"南朝第一寺"的美誉。佛教的传统思想延续着中国的和平文化。佛教通过对个人心灵与群体生存环境的净化达到人际关系和谐。400多年前,天主教也传入南京,如今这里是世界最大的《圣经》生产基地。基督教同样体现着和平思想。在《新约》中,耶稣就宣扬"要爱你们的仇敌",因为如果无法在心中放下仇恨,对敌人心存报复,那样对自己的伤害将大于对别人的伤害。

图 5-2 今日南京

这里曾是郑和下西洋的策源地、起锚地,也是中国海上丝绸之路的节点城市。600多年前,航海家郑和从南京出发,进行七次远洋航行。郑和的船队所到之处,调解矛盾、平息冲突;同时与所到各国交换物产,繁荣贸易,留下了中国同沿途各国人民友好交往的佳话。南京的历史名人孙中山先生,一生以天下苍生为己任。他手书的"博爱"二字,端正镌刻在中山陵石牌坊中央。孙中山的"博爱"首在爱我中华民族、爱我中国同胞。使全世界人民相互爱慕、共同发展、共同进步是孙中山毕生的政治追求,也是南京和平精神的重要印证。

今日的南京是一座充满活力、包容开放的城市,也是当代中国的中心城市。作为中国东部地区重要中心城市、长江三角洲特大城市、江苏省省会,

南京拥有常住人口近950万人,其中青少年约占20%。南京还具有领先全国的高等教育资源,2021年有在校大学生约90万人,这使得南京成为名副其实的"青春之城""活力之城"。青少年代表着一个国家的未来,青年群体是城市的核心竞争力。朝气蓬勃、积极向上的青年人群无疑是传播和平文化、进行和平建设的主体力量。此外,南京也通过明城墙、夫子庙、秦淮河风光带、老门东、颐和路、南京六朝博物馆、朝天宫、江南造船博物馆等历史文化遗址与设施,不断拓展着南京的和平文化资源。

南京,将创建国际和平城市列入城市发展目标,从丰富的历史资源中汲取不竭动力,希望能将自己打造成一座面向积极和平的城市,传承赓续"中国精神"。

二

超越语言的行动

设立国家公祭日

12月13日,是中国人不能忘却的日子。1937年的这一天,战争让南京城陷入巨大的苦难之中。为了悼念所有在日本侵华战争期间惨遭日本侵略者杀戮的死难同胞,自2014年起,"12月13日"这一天被设立为南京大屠杀死难者国家公祭日,并以国家的名义举行全国公祭活动。

在这一天,中国所有的娱乐活动都会停止,所有的网页都变成黑白色。上午10点,战时防空警报会在南京全城响起,汽车停驶鸣笛,行人驻足默哀,时间仿佛在这一刻凝固。与此同时,在国家公祭仪式上,礼兵在军乐团演奏的《国家公祭献曲》的旋律中庄严地将8个花圈敬献于公祭台上,寄托全国人民对这场人类浩劫中受难者的追思,致敬为中国人民抗日战争胜利献出宝贵生命的革命先烈和民族英雄。[图5-3]仪式结束后,南京市青少年代表宣读《和平宣言》,然后撞响"和平大钟"。伴随着三声深沉的钟声,上千只代表着死难者生命的和平鸽展翅飞向蓝天。

在 2017 年的国家公祭仪式上,南京市 80 名青少年代表宣读了《和平宣言》。由冯亦同写作的这 200 多字宣言,参考了中国经典《诗经》的韵文体,四字一句,朗朗上口,把对南京的情感、对历史的铭记和对和平的祈愿都注入其中。宣言中,"大道之行,天下为公,大德曰生,和气致祥",表达了远离战争、珍爱生命,只有和平才能带来祥和幸福的感悟。

以国家名义进行正式纪念与公祭,一方面是对死难者的尊重,表达了对生命的敬畏;另一方面也有助于民族情感的凝聚与集体记忆的认同。国家公祭的话语权力将使这段历史记忆长久保持唤醒状态,同时给国际上妄图否认、歪曲这段历史的人予以明确回击,彰显出中国维护历史真相的坚定姿态。以国家名义进行正式纪念与公祭,是在向世界传递中华民族对于人权和文明的态度,传递中国人民热爱和平,决心与世界人民一起维护和平的愿望;也是在告诫全国人民勿忘战争中逝去的生命、勿忘和平之弥足珍贵、勿忘国难,自强而国强!

图 5-3　南京大屠杀死难者国家公祭仪式

南京市民也会自发组织参与各种祭奠遇难同胞的活动，如，到纪念场所默哀、鞠躬、献花、参观等。国家公祭日当天，南京市各中小学及高校都会自发以烛光祭、诗朗诵、叠纸鹤、主题班会、放映历史纪录片等方式，悼念遇难同胞，祈祷世界和平。世界各地人民也纷纷以自己的方式加入悼念活动。2020年公祭日，受全球疫情影响，一些爱好和平的国际友人发布网络视频，缅怀南京大屠杀死难者，共同祈愿和平。

全球已有很多国家以大屠杀纪念日和纪念馆的方式，来祭奠在战争中被残害的无辜平民，向世人警示战争的危害。如，每年1月27日是联合国缅怀大屠杀受难者国际纪念日，这一天同时也是波兰的奥斯维辛集中营解放纪念日和德国的大屠杀受害者纪念日；每年5月9日是俄罗斯卫国战争胜利纪念日；每年犹太历尼桑月27日是以色列大屠杀纪念日；每年12月7日是美国珍珠港事件纪念日；等等。受难者值得缅怀，暴力和战争理应被唾弃。中国有责任推动这段记忆从国家记忆转向世界记忆，号召全世界人民共同以史为鉴、开创未来。

联合国缅怀大屠杀受难者国际纪念日

2005年，第60次联合国大会通过第60/7号决议，指定1月27日为一年一度的国际大屠杀纪念日，以此纪念600万犹太人大屠杀遇难者和数百万其他纳粹主义受害者。联合国通过这种方式提醒人们，不要忘记那段残酷的历史，必须与导致那种罪恶的暴行做斗争。同时，联合国也敦促每个成员国制订教育计划，以防止种族灭绝的人类灾难重演。

援助非洲抗疫

2020年春,刚刚走出疫情危机的南京,也密切关注着世界其他和平城市的抗疫情况。3月17日,和平学教席向国际和平城市协会发函,询问其他城市的抗疫情况。3月22日,非洲13个和平城市的领导人通过该协会向教席发来求助信。尼日利亚万巴市在来信中直言:"尼日利亚已有8例新冠肺炎疑似病例,按照目前的情况,如果不采取预防措施,病例可能会增加。这种病毒正在使我们的爱人、家人、朋友分离,也影响着我们的教育系统。我们需要医疗和物资的帮助,以维持我们的社区的安全。"肯尼亚马萨尔市的马萨尔查卫教育中心回复道:"我教育中心有258名儿童,因为疫情的突然暴发,其中81人无家可归,这里又缺少基本的救援物资,难以保证这些孩童免受病毒的袭击。"刚果(金)莫恩加市的来信写道:"埃博拉病毒还在侵袭我们国家,人们依然很恐慌。在当下的莫恩加,我们医院没有设备来检测人们是否患上了新冠肺炎,我们急需医疗训练、医疗意识、防护设备……"

一封封救援信的背后,是对疫情的不安和对生命的渴望。和平学教席在收到这些求助信函后,立即开展救援行动,向有关公益组织寻求援助非洲的可用途径,以"和平学教席的朋友们"的名义发起了援助非洲的公益募捐活动。非洲当地的和平城市领导人在收到援助金和洗手液、肥皂、水桶、体温计等防疫物资后,便在第一时间将其分发给居民手中。疫情期间,一个普通的水桶就可以建起一个洗手点,保证周围的大人和孩子得到清洁的水源。同时,教席又将中国防控新冠肺炎疫情的宣传手册(英文版、法文版、德文版)通过国际和平城市协会的平台,在线分享给非洲以及其他国家的所有和平城市,用中国的抗疫经验帮助他们认识这次流行病,并建立起防护意识。

图 5-4 南京援助非洲和平城市抗疫的活动海报（2020 年）

这次活动中，共有 33 个非洲和平城市得到了援助。国际和平城市协会会长专门录制视频向南京人民的对非援助行动表示感谢。之后，教席又与国际友人合作，对亚马逊热带雨林的两个部落予以物资援助。这次由南京大学和平学教席发起的抗疫活动得到了联合国教科文组织总部的赞赏以及国内外多家新闻媒体的报道，为南京赢得了良好的国际声誉。

入选"文学之都"

2019年10月,南京成功入选联合国教科文组织创意城市网络"文学之都",成为国内首座获此称号的城市。南京素有"天下文枢"的美誉,那些传世经典之作,如《红楼梦》《永乐大典》《儒林外史》等都与其密不可分。近代以来,这里文学名家人才辈出,文学佳作层出不穷。鲁迅、巴金、朱自清、俞平伯、张恨水、张爱玲等耳熟能详的文学名家,都与南京有着特殊的缘分。1938年诺贝尔文学奖得主赛珍珠的文学作品《大地》也在这里完成。受到南京的文脉滋养,当代文坛中也涌现出一批优秀的作家。他们用各具特色的文学作品让世界了解南京,了解中国,也用文学的纽带让世界多元文化在此交汇。法国作家、2008年诺贝尔文学奖得主勒克莱齐奥在南京申报"文学之都"的推荐信中写道:"南京是一座如此美丽的城市,有着深厚的文学历史积淀,在这里的生活和教学让我感到非常舒适。在南京,我见到了许多作家,深度参与了他们的文学活动。我觉得南京不仅是中国最具文学创造力和活力的城市,也是出版和翻译的中心。"

文学是和平建设的重要载体。在文学中,战争的经历常被翻译成文字广为流传,诉说和记录着人类的苦难。同时它们也描绘和歌颂和平,让人们从文字中感知和平的力量与美好。在和平学的语境中,文学可以帮助实现某种程度的战后和解,因为它的创伤表达采用的是一种非暴力方式。它还具有促进团结和包容的力量,用受人尊重的形式来表达建设和平的愿望。借助文学的力量进行对话,可以促进全人类相互了解、沟通心灵。和平学强调沟通。沟通帮助我们用多元包容的视角来看待世界,让我们有机会更多地发现人与人之间的共性,而这些共性可以将我们连接起来,从而跨越可能产生冲突的差距、误解和隔阂。

图 5-5 先锋书店(五台山总店)一景

南京也是一座热爱阅读的城市。市民文化与文学阅读紧密相连。颇具代表性的先锋书店、大众书局,成为这座城市专属的文化空间。先锋书店是南京本土文化名牌之一。该书店于1996年在南京创立,是一家民营学术书店,2016年曾被美国《国家地理》评选为全球十大书店之一。"大地上的异乡者"是南京先锋书店的标识,取自奥地利诗人特拉克尔的诗句,寓意人的精神永远在寻觅一个无所在的故乡,好的书店应该是读书人的精神家园。在读者心中,先锋就是这样一所精神家园。先锋书店的发展理念特立独行,目前在南京已有10余家分店。五台山总店[图5-5]以由防空洞改造而成的地下停车场为场地,无须多么华丽的装饰,纯净朴实的氛围让读者的关注回归书的本质,塑造起这座城市的文化空间。2021年,先锋书店又将南京一处建于1970年代的水泥厂遗址改造为主题各异的十个书仓。这一设计理念是将已被时代遗弃的生产空间,转变为寄托时代理想的文创艺术空间,让它们焕发出新的生机,同时以先锋精神给这座城市带来润养和疗愈。

南京还在不断开辟新的文化空间。锦创书城作为锦创数字产业园的商业组成部分,以14万册藏书为载体,整合社会文化资源,通过展览、读书会、文创市集、社会活动等形式,打造"书+X"的文化概念体验空间,其中包括亲子书房、《读者》沙龙、国潮文化等。此外,还特别开辟和平剧场[图5-6],以期承载更多丰富多彩的文艺活动与社交互动。

图 5-6 锦创书城和平剧场

"生态南京"建设

和平的状态与可持续发展密不可分。2016 年 1 月 1 日启动的联合国《变革我们的世界——2030 年可持续发展议程》对全面践行"和平文化"进行了最新表述:我们决心推动创建没有恐惧与暴力的和平、公正和包容的社会。该议程呼吁各国采取行动,为今后 15 年实现 17 项可持续发展目标而努力。这些目标述及发达国家和发展中国家人民的需求,涉及可持续发展的三个层面:社会、经济和环境,包括要建立更加和平和包容性更强的社会,实现与大自然保持和谐的经济、社会和技术进步。这其中既包含着人类共同的愿景,也为可持续发展指明了方向。

图 5-7 绿意南京——南京鼓楼广场

环境保护对可持续发展至关重要。党的十八大以来,中国将生态环境保护推上了一个新高度。习近平总书记对此十分重视,反复强调,"绝不能以牺牲生态环境为代价换取经济的一时发展""绿水青山就是金山银山"。作为国际花园城市,南京的生态质量和宜居指数长期位居长三角前列,并入选"中国最具幸福感城市"和"美好生活十大城市",2020年再次荣膺"国家园林城市"称号。"把历史融于自然",推动城市科学、绿色、低碳发展,南京已成为环境保护的坚定践行者。

近年来,南京结合城市自然资源和人文资源,着力打造山、水、城、林的生态城市景观布局。城市绿化覆盖率、林木覆盖率分别达到44.8%和29.9%。无论春夏秋冬,总能在这里找到绿色的风景。每逢周末,去校园、公园或景点赏花漫步,亲朋小聚在草坪上休憩,已成为很多南京人的休闲习惯。就连城市道路两边,也有精心种植的色彩缤纷、层次感丰富的绿化带,时刻让市民们感受到浓浓绿意。

围绕"生态南京"建设,这些年南京还进行了危旧房棚户区改造和老旧小区整治,促成城市"有机更新";推进颐和路、老门东、小西湖、评事街等历史地段更新保护,打造沿长江、沿城墙、沿秦淮河、沿历史街巷的城市特色空间,让老城市焕发新活力;同时,加速产业转型升级,降低城市污染;保护生物多样性;等等。正如习近平总书记所言,"让城市融入大自然,让居民望得见山、看得见水、记得住乡愁",南京正朝着这个目标一步步努力。

南京和平公园

和平公园[图5-8]是南京具有代表性的一座街道公园。它近邻南京市人民政府,又与鸡鸣寺景区相距不过百米,是居民休闲锻炼的理想去处。虽然是"南京最小公园",但它"麻雀虽小,五脏俱全"。公园内保留了民国建筑励士钟塔和泮池等标志性景观,并设有凉亭、假山、花钵以供市民消遣。园中的少女白鸽和平雕像与和平鸽装饰也为公园融入了和平元素。由于其地理位置的重要性,2011年,因地铁交通建设这里曾移走300多棵树木。但随着地铁线路的完工,南京市政府决定将公园"补绿"提上日程。曾经郁郁葱葱、鸟语花香的和平公园,如今不仅全面恢复了绿化,还增添了很多新品种。那些生长了几十年的核桃树、水杉、圆柏、雪松等大树都被重新保留了下来。享受公园,亲近自然,体味和平,让城市发展与和平建设联系得更加紧密。

图5-8 南京和平公园

三

汇聚和平的智慧

2020年,"国际和平日"系列活动在南京开启。活动中,联合国教科文组织与南京市签署合作备忘录,并承诺从2020年起,连续三年在南京合作举行国际和平论坛,力争把该活动打造成常态化的重要对话平台,促进知识与文化交流,为应对全球性挑战、推动可持续和平建设分享贡献多元智慧。

在举办这次和平论坛前,南京专门派代表考察了其他国家城市的和平论坛,如巴黎和平论坛和考文垂全球和平论坛。其中,巴黎和平论坛始于2018年,起初是为纪念一战停战百年,由法国总统马克龙倡议发起。该论坛每年举办一次,论坛主题围绕全球热点问题,涉及全球治理、生物多样性、包容性经济、新科技等诸多领域,汇集了多国政府首脑以及商界、学界等各领域的杰出代表,致力于通过冲突化解,为当前国际社会面临的多重危机和挑战提供创造性方案。该论坛在全球范围内具有较大的影响力。2020年,国家主席习近平在第三届巴黎和平论坛发表视频致辞,号召各国团结合作,共抗疫情,坚持绿色发展理念,共促经济复苏,维护世界公平正义与和平安全。考文垂全球和平论坛每年在考文垂这座国际和平城市举办,充分利用考文垂大学信任、和平与社会关系中心,考文垂市议会和考文垂大教堂三方之间的合作伙伴关系,汇集高水平演讲者的重要演讲、研讨会和讲习班,围绕当前世界所面临的和平问题设置主题,进行和平对话。

在吸取多方经验之后，作为 2020 国际和平日系列活动的先声，"青年与和平"对话会于 9 月 21 日顺利举办。该对话会邀请了联合国教科文组织代表、专家学者作为导师与多位来自国内外不同领域的青年代表围绕"女性与儿童""消除贫困""青年责任""乡村教育""非遗保护"等主题展开对话，分享交流实践经验。现场还发布了"和平书全球网络传递活动"，从南京发起线上接力，邀请来自不同国家和地区的人，一起通过绘画、音乐、摄影、文字等表现形式表达和平心声，让更多人能够真实参与其中。对话结束后，与会者共享了一场融合音乐、诗歌、舞蹈的和平艺术表演。来自世界各国的青年们现场唱歌、跳舞、朗诵，用艺术的方式致敬和平，为国际和平论坛的顺利举办进行预热。

2020 年 10 月 24 日，时值第 75 个联合国日，首届南京和平论坛在南京开幕。本次论坛秉持构建人类命运共同体理念，以"构建全面、多元与持久的和平愿景"为主题，汇集来自国际组织的代表、各领域专家学者代表以及各国青年和平行动者代表，通过线上线下相结合的方式，共议持久和平建设的关键因素、文化之间的交流互鉴、人与自然的和谐共生等积极和平理念，为全球和平建设建言献策。论坛的会场布置融入南京明城墙、中国折纸手工艺、新鲜绿植构成的"和平森林"等特色元素，会议资料践行绿色环保理念，充分凸显中国特色，令人久久难忘。首届论坛以南京为主会场，同时在法国巴黎、哈萨克斯坦阿拉木图、伊拉克巴格达、马里巴马科以及巴西巴西利亚五个城市设置分会场，凸显南京国际和平城市形象，传播中国和平发展理念。

图 5-9 首届南京和平论坛 LOGO

联合国教科文组织驻东亚五国代表欧敏行女士在开幕式上说:"正如同一枚硬币的两面,一方面是世界不断遭到破坏,另一方面是外交关系不断发展。南京历经战火,国际谈判促成了教科文组织的建立,我们的终极使命是构建人类和平,防止此类悲剧在世界的任何国家和地区再次发生。"这种和平不只是国家间的和平,而是世代之间的和平、族裔之间的和平、社会阶级和经济群体之间的和平,是所有意义上的和平。

最后,开幕式以"播撒和平种子"的方式启动南京和平论坛,寓意"让和平理念的种子在世界人民心中生根发芽,让我们共同生活的这个星球生长出一片又一片和平的森林"。

青年是维护世界和平、促进和解的关键性力量。这次活动邀请到一群关心世界、充满社会责任感、拥有共情能力的中外青年"小伙伴",分享和平行动和解决方案的理念、成果。他们有的致力于公平教育发展,设立了关怀农村留守儿童的基金项目;有的关注女性独立和性别平等,鼓励农村妇女积极参与社区治理和乡村建设,或为职场女性提供职业咨询,发展女性领导力;还有的力图消除贫困,把偏远贫困地区的濒危技艺与消费市场接轨,不仅给手艺人提供了就业机会,还把中国传统手工艺文化带出了国门。

会场有一名来自巴基斯坦的在华研究生。中国政府的奖学金让他有机会在南京读书,他也用自己的方式回报着这个社会。为了帮助更多的人,他成立了"由同情到同行"(FCTA)南京外籍志愿者团队。这是一个国际学生青年志愿者的平台,志愿者来自不同国家,拥有不同肤色,说着不同语言,但都秉持着同样的信念,即把爱心转化为行动,用共情的理念,用爱奉献社会。该组织关注农村弱势儿童、流动儿童、不同能力的儿童和孤儿,并为他们组织不同类型的教育、文化和技能发展项目。自2016年成立以来,FCTA已吸纳来自全球60个不同国家的500多名青年志愿者,他们共同在为实现联合国2030年可持续发展目标而努力。

这样的青年和团体在南京还有很多。正是有这些正能量青年的付出,南京的和平建设才成为可能。这也让我们看到,一个有社会责任感的青年,不仅要具备同情心,更要将它转化成行动,用自己的热情、善良和对和平的理解,为社会、为国家做出自己力所能及的贡献。所以说,和平并不是虚幻遥远的梦想,而是切实的行动!

图 5-10 首届南京和平论坛会议手册和徽章

时隔一年,第二届南京和平论坛顺利举行。本次主论坛以"和合共生:与自然和平相处"为主题,汇聚国际、国内相关机构以及在全球致力于和平事业的青年代表等,深入探讨和生动展示和平行动与国际实践相关问题,积极倡导"人与自然和平相处"。开幕式选址于南京人文历史与自然景观巧妙融合的南京紫金山音乐台。[图5-11] 在这里,聆听大自然声音,体验生命的美好,以艺术的形式展示南京和平理念,用最真挚的行动和心愿向全球发出呼吁,共同守护我们美丽的蓝色星球。

2021南京和平论坛倡导"共担社会责任""共享解决方案""共创可持续未来"。来自和平教育、生态保护、可持续发展、文化艺术等多个领域的专家学者在此探讨人与自然和谐相处的方案和意义。主论坛在最后发布《南京和平共识》,向全世界发出"构建地球生命共同体"的邀约,发出生物多样性保护、反对不平等和歧视、发展和平教育等集体倡议。同时,南京和平论坛还以创意和问题为导向,向全球发布"为和平设计"征集行动,鼓励更多的人为和平事业贡献智慧。分论坛还设有"和平教育"主题圆桌会。来自不同国家教育界、学术界、出版界的40余位代表在会上畅所欲言,分享国内外和平教育的最新研究成果与实践经验。

南京和平论坛的成功举办,是南京和平城市建设的一个重要节点,意义非凡,让南京成为世界了解和认知中国和平发展理念的重要窗口,成为汇聚全球和平创变者的沟通平台,成为培育和平建设者的教育高地。和平的种子已经播下。南京正在打开和平建设的更多可能性,用行动将和平理念注入更多人的思想中,共筑一片和平的森林。

图 5-11 第二届南京和平论坛开幕式

四

没有终点的进程

和平并非结果,而是一个永久的进程。

2016年12月,联合国大会通过题为《和平权利宣言》的决议草案,强调和平是促进和保护所有人的所有人权的一个重要条件。《和平权利宣言》提出,"郑重邀请所有利益攸关方承认,全体人类、世界各国人民及所有国家务必践行相互宽容、对话、合作与团结,以促进和平,并以此认识指导自己的活动;为此,当代人应抱着避免后世再遭战祸的最高愿望,确保自身和后世均学会和平相处"。

和平于南京这座战后重生的城市而言,不仅仅意味着历史的纪念和反思,更意味着如何将"和平基因"嵌入城市规划、城市建设、城市治理,创造性地利用城市历史遗址和公共空间,发挥和平建设的多元可能性,机遇与挑战并存。

纪念场馆是构建和传承城市记忆的重要空间,也是传播力最强和认同度最高的手段之一,是人们了解城市精神的重要窗口。尤其在构建人类命运共同体的语境下,纪念场馆在传播历史真相的基础上,还应承担传播和平文化、营造和解氛围的重任。与一元宏大的历史陈述方式相比,提供多元观点,促发探究性思考的叙事模式可能更容易让观众主动理解、思考战争与和平。如,以色列犹太大屠杀纪念馆在参观的开始会播放一段录像,内容是犹太人社区在纳粹执政之前的安宁生活,其与战争的到来所造成的失序、残暴产生强烈的反差,既能引发观众继续参观的兴趣,又可让观众产生情感共鸣。又如,美国宽容博物馆,走进历史展厅之前,每个观众都会拿到一张小卡片,上面有一名大屠杀受难儿童的照片,象征着这名儿童将陪伴观众经历这一切。旅程结束后,卡片会化为屏幕上的文字,告诉观众,这个孩子当年经历了什么。这种超时空对话的交互方式,给予观众更多的主体性和能动性。

发展和平教育是联合国教科文组织在全球推广和平文化的要求,也是一个和平城市不可推卸的责任。联合国教科文组织提倡将"和平文化主流化"。其主要任务是,通过改变教育课程的设计,培养和平文化的价值观、态度和行为,包括和平的冲突化解、双边/多边对话、达成共识和积极的非暴力。目前,南京市和平教育试点已经全面开启,后期将着力完善课程设置,编写和平教材,建立评价制度,逐步将和平教育课程纳入南京市基础教育课程体系。针对不同青少年群体的成长特点,结合南京城市的和平资源,和平教育将包含更多主题,如社会公正、环境保护、校园暴力预防、包容与共情等,进一步开发和打造具有中国特色的和平教育课程体系。让和平学走进课堂,让和平学走入社区,开展全国公民教育,在人的思想中构建和平。

充分发挥南京文化团体、文化设施、文艺创作队伍的作用,联合政府、企业、学校、民间组织及宗教团体,挖掘南京城市的和平元素,举办以和平为主题的艺术展览会和文体活动,营造国际和平城市建设的良好社会氛围。设立南京国际和平月、南京国际和平节、南京和平奖。鼓励各类社会资源以多种形式参与和平城市建设。如,英国考文垂自2000年设立"考文垂国际和平与和解奖"以来,每两年颁发一次,该奖向所有人开放,不论其国籍、种族或信仰,以表彰为促进和平与和解或社会与环境福祉做出杰出贡献的项目、倡议、组织或个人。

环境保护同样是和平建设的重要议题。未来,南京有计划打造和平主题的城市景观布局。建设一批以和平为主题的公园、广场、纪念碑、绿植雕塑以及和平街道等城市景观。加快实施历史文化遗迹的保护规划,策划开发和平主题的特色人文旅游路线,为和平城市战略的实施、和平元素的配置提供空间载体。通过以"点"带"面",提高人们对国际和平城市的印象和认知。如英国考文垂市,目前已将市中心30个有关和平的场所组合起来,形成了名为"考文垂和平之旅"的热门旅行线路,它始于被德军闪电战袭击的圣米迦勒大教堂,止于千禧广场,让人们在游览的过程中切身体悟这座城市与和平的联系。

为了让更多的人参与到和平建设中,南京可以依托"国际和平城市"的平台,不断扩大国际和平城市朋友圈,推动南京在科技、教育、生态、创新等领域与世界的互联、互通与互享。同时,充分利用南京独特的和平文化,提炼出具有普遍意义的文化产品与价值观念,结合学术研究、书画创作、戏曲创作、文学创作,以及传统节庆、群众文化事业等对外进行宣介,在构建人类命运共同体的语境下,把南京率先建设成中华优秀传统文化与现代和平文化相结合的和平之都。

结　语

有人说，南京是一座悲情城市。创伤记忆带来的痛苦和磨难深嵌在这座城市的集体记忆里，渗透在南京城的一砖一瓦中，成为南京城市记忆中不可分割的一部分。因此，在城市记忆的早期建构中，勿忘历史、以史为鉴，是全社会的共识。学术研究逐渐从最初回应式的史料搜集与展示，发展为主动揭示历史真相的系统性科学研究，力图最大限度地还原创伤记忆，避免记忆出现遗忘、歪曲或篡改。纪念场馆建设同样以受难者的视角挖掘与呈现历史场景，揭露战争的残酷，为受害者伸张正义，传播与巩固南京大屠杀的创伤记忆，极大地推动了个人记忆向集体记忆、国家记忆的转换。

我们同样知道，记忆战争创伤有很多方式，这取决于受众的立场和选择。我们在勿忘历史、批判战争的同时，也可以构建一条和平之路。甘地曾说："以眼还眼，最终只会让整个世界失明。"难以自愈的创伤是暴力和战争造成的严重后果，但是反复地强调伤痛的一面，可能会让人们一直深陷在对战争的恐惧与怨恨中，仇恨与暴力就会在一代代人的心中延续，并且可能产生更多的暴力。为此，我们需要转变和超越。因为认清真相与寻求正义是来自过去的；渴望和平与实现和解则是面向未来的。惨痛的历史必须让更多人铭记，但修复战争创伤，诉诸暴力和报复并非最优之选。

以实现积极和平为目标去构建那段历史记忆，使人们从过去的消极影响中解脱出来，也可以促使曾经的敌人进一步忏悔和供认他们的罪行，不同国家甚至敌对的国家之间才能实现和解。在时间的洗礼中，和平建设将会构建一种充满希望的积极局面，也会开创一种全新的人际关系。和平学所具有的穿透力，让我们不必反复揭开战争遗留的历史伤疤，别人也能够感同身受，甚至吸引更多人主动参与到创造性的和解行动中。当新的冲突发生时，人们就不会再次选择愤怒、暴力与报复。那时，和平与安全才能真正地到来。当然，在和平建设中，我们还有很多重要的任务，如，培育善良的情感、批判性思维和同理心，构建人与自然和谐共处的生态环境，提升社会的公平公正，减少歧视，等等。只有播下和平的种子，精心地呵护抚育，才能最终收获和平。

今天的南京，是一座和平之城。和平并非一个虚幻的"结果"，而是一个脚踏实地的"过程"。身处新时代，每一个人都可以选择成为和平的一分子，在思想中构筑和平，在行动中建设和平。让全人类远离战争的杀戮，沐浴在和平幸福的阳光之下，需要你我的共同努力！

主要参考文献

1. 贺云翱、周行道:《文化南京:历史与趋势》,南京:江苏人民出版社,2020年。

2. 经盛鸿:《南京沦陷八年史》(上、下),北京:社会科学文献出版社,2013年。

3. 李红涛、黄顺铭:《记忆的纹理:媒介、创伤与南京大屠杀》,北京:中国人民大学出版社,2017年。

4. 刘成:《和平学》,南京:南京出版社,2006年。

5. 刘成、[德]埃贡·施皮格尔:《全球化世界的和平建设——图解和平学》,北京:人民出版社,2015年。

6. 卢海鸣、杨新华:《南京民国建筑》,南京:南京大学出版社,2001年。

7. 谭志云:《南京教育小史》,南京:东南大学出版社,2011年。

8. 薛冰:《南京城市史》,南京:东南大学出版社,2015年。

9. 叶兆言:《南京传》,南京:译林出版社,2019年。

10. 章开沅:《南京大屠杀史料集4:美国传教士的日记与书信》,南京:江苏人民出版社、凤凰出版社,2005年。

11. 张生等:《南京大屠杀史研究(增订版)》(上、下),南京:凤凰出版社,2015年。

12. 张宪文:《南京大屠杀史料集》,南京:江苏人民出版社,2010年。

13. 赵德兴:《南京建城小史》,南京:东南大学出版社,2011年。

14. [英]安德鲁·瑞格比:《暴力之后的正义与和解》,刘成译,南京:译林出版社,2003年。

15. [美]大卫·巴拉什、查尔斯·韦伯:《积极和平——和平与冲突研究》,刘成等译,南京:南京出版社,2007年。

16. [法]莫里斯·哈布瓦赫:《论集体记忆》,毕然、郭金华译,上海:上海人民出版社,2002年。

17. [法]皮埃尔·诺拉:《记忆之场:法国国民意识的文化社会史》,黄艳红等译,南京:南京大学出版社,2015年。

18. [法]雅克·勒高夫:《历史与记忆》,方仁杰、倪复生译,北京:中国人民大学出版社,2010年。

19. [挪]约翰·加尔通:《和平论》,陈祖洲等译,南京:南京出版社,2006年。

20. [德]约翰·拉贝:《拉贝日记》,本书翻译组译,南京:江苏人民出版社、江苏教育出版社,2009年。

21. [美]约翰·W.道尔:《拥抱战败:第二次世界大战后的日本》,胡博译,北京:生活·读书·新知三联书店,2015年。

22. Liu, Cheng, "A New Paradigm to Boost Right to Development for a Country", in China Society for Human Rights Studies, ed., Diversity of Civilizations and Development of World Human Rights, Beijing: China Intercontinental Press, 2021, pp.302-308.

23. Liu, Cheng, "A Single Spark Can Start a Prairie Fire: The Lonely Journey of Peace Studies in China", in Gerd-Bodo von Carlsburg and Annette Miriam Stroß, eds., (Non-)Educational Visions for the 21st Century: Humanities and Social Science Concepts after the End of the "Great" History of Mankind, Berlin: Peter Lang, 2021, pp.287-301.

24. Liu, Cheng, "Peace Studies of Asian Countries", in L. R. Kurtz, ed., Encyclopedia of Violence, Peace, and Conflict, Vol. 1, Academic Press, 2022, pp. 130-138.

25. Liu, Cheng and others, "Peace Education in China", in Kang Soon Won, Liu Cheng and others, Peace Education in Northeast Asia: A Situational Analysis, APCEIU, 2021, pp.28-66.

后　记

完成终稿的那一天,南京的雨季如期而至。回想提笔时还是 2017 年的冬季。当时,我的导师刘成教授正筹划编写一套《国际和平城市丛书》,南京自然首先入选其中。我是刘老师的弟子,又跟随其推广和平学多年,便欣然接受了这项写作任务。

作为一个"新"南京人,虽然在宁生活已有数载,但真正动笔之后,我感到对这座城市的了解还远远不够。更何况创作书稿的几年里,南京也在不断经历着变化,所以我必须不停地修改和记录……这更让我发现,越靠近这座城市,越了解她的过去与现在,她的博大和深邃越难以言说。

刘老师自 2001 年开始在中国推广和平学,到 2017 年担任联合国教科文组织和平学教席主持人,这背后的付出是难以估量的。他常说,这条路是孤独的,就像是一个人在夕阳下独自行走。这本书的创作亦是如此。虽然请刘老师担当学术顾问,但有关南京的历史文化书籍已有那么多,而我是一个世界史老师,并没有研究南京的专业背景,也只懂和平学的一些皮毛,要写好第一本中国和平城市的书,让我倍感压力和惶恐,以至于书稿多次都无法达到刘老师的期望。他坦言,我们并不是要写一本有关南京的历史著作,而是要写出南京城市的和平内核。

这时我才明白,"和平"是创作核心。这本书从和平的视角谈南京的历史、南京的和平建设,本身也是南京和平建设的一部分。我在刘老师身边学习多年,见证了中国和平学的从无到有。他对和平事业的那份坚守,对和平的情怀让我耳濡目染。这本书也倾注着他对于南京历史和未来的解读,同时记录了他为中国和平事业所付出的心血。

在本书的写作过程中,我还得到了太多人的帮助:我的老师姜守明教授、胡传胜教授;出版社总编辑徐蕾女士、总编助理郑海燕女士和本书的责任编辑王雅琼女士;英文版译者范海祥。还有汪春、方飞、丁劼、陈祥雨、庞昊、宋任翔、罗清云、李思琦等,他们为本书提供了丰富的图片。此外,还要感谢侵华日军南京大屠杀遇难同胞纪念馆、南京抗日航空烈士纪念馆、南京民间抗日战争博物馆、南京大学赛珍珠纪念馆等机构的支持。每一份草稿,我的家人都是我忠实的读者。他们的无私让我感动,是对和平的共同心愿把我们凝聚在一起,原来和平的力量一直围绕着我。

随着和平学的落地生根,相信会有越来越多的人关注南京的国际和平城市建设,也会有越来越多的人想要了解中国和平学的发展。希望通过这本小书,让南京与和平的联系更加紧密,吸引更多人加入和平建设。

谨以此书献给和平,致敬每一位热爱和平的行动者!

白 爽

2022 年 8 月

我是土生土长的南京人。我的父亲经历了南京大屠杀,他也因此痛恨日本人。然而,我在工作之前,并不了解那段惨痛的历史,我的父辈和老师们也几乎不提。白爽是个"新南京人",她对南京的印象是以一个外乡人的视角。但这并不影响她写这本书,因为我们对南京的历史,特别是南京创伤历史的更多认知,源于我们在中国推广和平学的实践过程。

这本书就是以和平学的视角重新审视南京历史。作为史学工作者,我们深知,历史必须牢记。但同时,我们坚信,追求和平是对创伤历史的最好记忆与修复。有关南京的历史书籍汗牛充栋。我们真诚希望,读者们能从这本小书中,领略到更多有关南京的和平讯息,并为和平建设做出贡献。这样,这座城市的历史才能与未来的和平相连,才能与世界的和平相连。

对书中的不足和错误之处,敬请读者们批评与指正。

刘 成

2022 年 8 月

本书图片来源信息详见